I0105709

www.ingramcontent.com/pod-product-compliance
Lightning Source LLC
Chambersburg PA
CBHW052115030426
42335CB00025B/2998

* 9 7 8 1 9 2 7 8 7 4 7 0 7 *

ڈاکٹر خالد سہیل

ایک انسان دوست ماہرِ نفسیات

عنبرین عجائب

آواز پبلی کیشنز

اقبال مارکیٹ، اقبال روڈ، کمیٹی چوک، راولپنڈی۔ فون : 0300-5211201

کتاب : ڈاکٹر خالد سہیل: ایک انسان دوست ماہرِ نفسیات

ترتیب و تدوین : عنبرین عجائب

سالِ اشاعت : 2025ء

ایڈیشن : اوّل

سرورق : ارشد علی

آئی ایس بی این نمبر : 978-969-7836-6-24

قیمت : 800/- روپے

آواز پبلی کیشنز

کتاب ملنے کا پتہ

اقبال مارکیٹ، اقبال روڈ، کمیٹی چوک، راولپنڈی۔ فون: 0300-5211201

فہرست

مصنفہ کے بارے میں

عنبرین عجائب اسلام آباد، پاکستان میں مقیم ایک معروف خواتین کے حقوق کی کارکن ہیں۔ 25 سال پر محیط شاندار کیریئر کے ساتھ، عنبرین کا کام گراس روٹ کی سرگرمیوں اور اعلیٰ انتظامی امور کے درمیان ایک پل کا کام کرتا ہے۔ وہ اس وقت بیداری کی ایگزیکٹو ڈائریکٹر کے طور پر خدمات انجام دے رہی ہیں، جو خواتین اور لڑکیوں کو بااختیار بنانے کے لیے وقف ایک اہم تنظیم ہے۔

عنبرین نے لندن، برطانیہ سے انسانی حقوق اور سماجی انصاف میں ایم اے، اور اسلام آباد سے نفسیات میں ایم ایس سی کی ڈگریاں حاصل کی ہیں۔ ان کا وسیع تجربہ بین الاقوامی اور قومی تنظیموں کے ساتھ مختلف صلاحیتوں میں کام کرنے کو شامل کرتا ہے۔ ان کی بنیادی مہارت کے شعبوں میں صنفی حساس حکمت عملی کی ایڈووکیسی اور خواتین اور لڑکیوں کے خلاف صنفی بنیاد پر تشدد سے نمٹنا شامل ہے۔ وہ خواتین کے سیاسی بااختیار بنانے، خواتین اور لڑکیوں کے حقوق کے لیے پالیسی اصلاحات، کم عمری کی شادیوں کے خاتمے، اور لڑکیوں کی تعلیم کو فروغ دینے کی ایک پُرجوش ایڈووکیٹ رہی ہیں۔

نفسیات دان کے طور پر، عنبرین نے صنفی بنیاد پر تشدد کے متعدد متاثرین کو مشاورت اور مدد فراہم کی ہے، انہیں ان کے صدمے سے نمٹنے اور اپنی زندگی کی تعمیر نو میں مدد دی ہے۔ انہوں نے صنفی مسائل اور بچوں کے حقوق پر ہدفی ورکشاپس بھی منعقد کی ہیں، اور اپنی تدریسی حکمت عملی کو متنوع سامعین جیسے کمیونٹی گروپوں، سرکاری

اہلکاروں، اور ترقیاتی ماہرین کے لیے موزوں بنایا ہے۔ مزید برآں، انہوں نے اسلام آباد اور راولپنڈی کے مختلف یونیورسٹیوں میں ماسٹرز کے طلباء کو وزیٹنگ فیکلٹی کے طور پر خدمات انجام دیں۔

عنبرین کی سرگرمیاں بااثر قومی اور بین الاقوامی پلیٹ فارمز پر محیط ہیں۔ وہ "گرلز ناٹ برائیڈز" کے عالمی مشاورتی گروپ کی رکن ہیں اور "چائلڈ رائٹس موومنٹ" کی کوآرڈینیٹر اور "خواتین کے خلاف تشدد کے خاتمے" کی کو چیئر کے طور پر خدمات انجام دے چکی ہیں۔ ضلع چکوال کے دیہی علاقے میں اپنی پرورش سے جڑی ہوئی، عنبرین ایک منفرد نقطۂ نظر لاتی ہیں جو ذاتی تجربات، پیشہ ورانہ بصیرت، اور سماجی انصاف کے لیے گہری وابستگی کا امتزاج کرتی ہیں۔

عنبرین کی شائع شدہ تصانیف ان کی فیلڈ میں خدمات کی بھرپور عکاسی کرتی ہیں۔ انہوں نے Addressing Violence against Girls in and out of School کے عنوان سے ایک مقالہ لکھا، جو پروفیسر فیونا لیچ کی ترمیم کردہ کتاب Combatting Gender Based Violence at Schools میں شامل ہے، ان کی اشاعتوں میں ایکشن ایڈ کا یوتھ اسٹریٹیجی پیپر، بھارت، پاکستان اور بنگلہ دیش میں کم عمری کی شادیوں پر ایک تقابلی تجزیہ، اور 2013 کے انتخابات کے دوران خواتین کی سیاسی شرکت پر ایک مقالہ شامل ہے جو ایس پی او نے شائع کیا۔ ان کا آنے والا کام کم عمری کی شادیوں کے خاتمے اور ڈاکٹر خالد سہیل کے ساتھ فیمنزم کے پاکستان اور ترقی یافتہ دنیا میں تقابلی جائزے پر مرکوز ہے۔

عنبرین کی سرگرمیوں، علمی کاموں، اور قیادت کی بھرپور کہانی انہیں پاکستان اور اس سے باہر صنفی مساوات اور سماجی انصاف کی جدوجہد میں ایک رہنما شخصیت بناتی ہے۔

پیش لفظ

چار سال پہلے جب کینیڈا میں ڈاکٹر خالد سہیل سے ملاقات ہوئی تو صرف ایک ماہر نفسیات کے طور پر بات چیت ہوئی۔ 'ہم سب' جو کہ ایک آن لائن جریدہ ہے، میں ان کی تحریروں سے تو پہلے سے ہی واقفیت تھی۔ ملاقات میں ہم نے ایک دوسرے کو اپنے کام سے متعلق بتایا۔ فیمنزم، پاکستان میں عورتوں کے حقوق کی صورتحال اور ممکنہ اقدامات پر سیر حاصل گفتگو ہوئی۔ ان سے پہلی ملاقات ہی اتنی دلچسپ تھی کہ ان کے ساتھ فیمنزم اور پاکستان میں عورتوں کے مسائل کے حوالے سے ایک کتاب لکھنے کا منصوبہ بنا لیا۔ کتاب تو میری کاہلی کی وجہ سے ابھی تک زیرِ تکمیل ہے لیکن اس بہانے ڈاکٹر صاحب سے رابطے بڑھے اور میں نے یہ جانا کہ ڈاکٹر خالد سہیل ایک معروف ماہرِ نفسیات ہونے کے ساتھ ساتھ ایک نامور ادیب، شاعر اور ایک انسان دوست شخصیت کے حامل فلاسفر ہیں۔

مارچ 2023ء میں ڈاکٹر خالد سہیل نے پاکستان کا دورہ کیا، اور مجھے ان کے اسلام آباد کے قیام کی میزبانی کرنے کا اعزاز حاصل ہوا۔ اس دوران، میں نے ان کے لیے مختلف رسمی اور غیر رسمی ملاقاتوں کا اہتمام کیا۔ ان کے ساتھ شام کے وقت ہونے والی

غیر رسمی گفتگو نے مجھے ان کی شخصیت کو ایک انسان دوست اور دانشور کے طور پر مزید گہرائی میں سمجھنے کا موقع دیا۔

ان کے دورے کی سب سے اہم بات وہ تین انٹرویوز تھے جنہوں نے ان کی شخصیت، فکر اور فلسفہ کے مختلف پہلوؤں کو اُجاگر کیا۔ ان انٹرویوز کو ایک دوسرے سے جدا نہیں کیا جا سکتا، کیونکہ ہر ایک نے مختلف زاویے سے ان کی زندگی اور نظریات کا احاطہ کیا، مگر سب ایک مشترکہ انسانی فکر اور فلسفے کی روشنی میں جڑے ہوئے ہیں۔

پہلا انٹرویو، جو میں نے خود لیا، گرین زون فلسفہ اور اس کا صنفی بنیاد پر تشدد سے تعلق کے موضوع پر تھا۔ یہ انٹرویو ایک رسمی تقریب میں منعقد ہوا اور بہت سے لوگوں نے اس میں شرکت کی۔ گرین زون فلسفے کا تصور، جس کا مقصد انسانی زندگی میں امن، ہم آہنگی اور مساوات کا فروغ ہے، کو صنفی بنیاد پر تشدد جیسے اہم سماجی مسئلے کے تناظر میں پیش کیا گیا۔ یہ گفتگو نہایت بصیرت افروز تھی اور سامعین کے لیے ایک نیا فکری زاویہ لے کر آئی۔

دوسرا انٹرویو پاکستان ٹیلیویژن پر ہوا، جہاں ممتاز دانشور وجاہت مسعود نے ڈاکٹر خالد سہیل سے ان کے فلسفیانہ سفر پر بات کی۔ یہ انٹرویو ان کے نظریاتی ارتقاء، فلسفے کے میدان میں ان کی تحقیق، اور ان کے انسان دوست خیالات کی گہرائی کو اُجاگر کرتا ہے۔ ٹیلیویژن کے وسیع تر ناظرین تک یہ گفتگو پہنچنے سے ان کی فکر کی رسائی مزید بڑھ گئی۔

تیسرا انٹرویو کینیڈا واپسی پر حامد یزدانی نے کیا، جس کا موضوع ڈاکٹر خالد سہیل کا بطور مصنف سفر تھا۔ اس انٹرویو میں ان کی تخلیقی عمل، ادبی خدمات، اور ان کے خیالات کو ادب کے ذریعے دنیا کے سامنے پیش کرنے کے سفر پر تفصیل سے گفتگو کی گئی۔

یہ تینوں انٹرویوز مختلف موضوعات پر تھے، لیکن ایک مشترکہ انسانی فلسفے کی بنیاد پر جُڑے ہوئے ہیں۔ گرین زون فلسفہ، فلسفیانہ فکر کا سفر، اور ادبی تخلیقات، یہ سب ڈاکٹر خالد سہیل کی ہمہ جہت شخصیت کے مظاہر ہیں۔

یہ کتاب قارئین کے لیے ایک ایسا موقع فراہم کرتی ہے جو انہیں زندگی کے مختلف پہلوؤں پر گہرائی سے غور و فکر کرنے کی ترغیب دے سکتی ہے۔ ڈاکٹر خالد سہیل کی فلسفیانہ فکر اور انسان دوست نظریات قارئین کو نہ صرف اپنے ذاتی نظریات کو ازسرِ نو ترتیب دینے کا موقع دیں گے بلکہ ان کے لیے یہ ایک عملی رہنمائی کا ذریعہ بھی بن سکتے ہیں۔ یہ کتاب اُن لوگوں کے لیے ہے جو امن، ہم آہنگی اور مساوات پر مبنی زندگی کے اصولوں کو سمجھنا اور اپنی زندگی میں نافذ کرنا چاہتے ہیں۔

یہ کتاب آپ کے لیے زندگی میں نئی سوچ اور نئے امکانات کے دروازے کھول سکتی ہے۔ چاہے آپ ایک طالب علم ہوں، ایک محقق یا ایک عام قاری، یہ کتاب آپ کو خود کی دریافت، تعلقات کی بہتری اور معاشرتی ہم آہنگی کے لیے تحریک دے سکتی ہے۔

مجھے یقین ہے کہ یہ کتاب نہ صرف قارئین کے لیے علم افزا ثابت ہوگی بلکہ انہیں انسانی حقوق، صنفی مساوات، اور فلسفیانہ فکر کے گہرے موضوعات پر غور و فکر کے لیے بھی مائل کرے گی۔

عنبرین عجائب

دسمبر 2024

پہلا انٹرویو

نفسیاتی صحت اور گرین زون فلاسفی

ڈاکٹر خالد سہیل کے ساتھ عنبرین عجائب کا ایک مکالمہ

بلیک ہول اسلام آباد - مارچ 2023

تعارف:

ڈاکٹر خالد سہیل کے پاکستان میں قیام نے ہمیں موقع دیا کہ ہم ان سے براہِ راست ان کی ''گرین زون فلاسفی'' کے بارے میں جانیں اور سمجھیں۔ڈاکٹر سہیل، جو کینیڈا میں مقیم ایک نامور ماہرِ نفسیات ہیں، عرصے سے ذہنی صحت، باہمی رشتوں کے فروغ اور انسانی رویوں کے مثبت پہلوؤں پر کام کر رہے ہیں۔ان کی گرین زون فلاسفی بنیادی طور پر individuals، خاندانوں، اور کمیونٹیز کے درمیان رابطے، ہمدردی اور ایمپتھی کی اہمیت کو اُجاگر کرتی ہے۔ یہی وجہ تھی کہ ہم نے ان کے ساتھ ایک تفصیلی مکالمے کا اہتمام کیا، تاکہ پاکستان کے لوگ بھی ان کے تجربات اور خیالات سے استفادہ کر سکیں۔

یہ مکالمہ اسلام آباد کے ''بلیک ہول'' میں منعقد ہوا، جہاں مختلف شعبہ ہائے زندگی سے تعلق رکھنے والے افراد جمع ہوئے۔ان میں طلبہ، سول سوسائٹی کے نمائندے، تعلیم و تحقیق سے وابستہ افراد، گھریلو خواتین، اور عمومی سماجی دلچسپی رکھنے والے لوگ شامل تھے۔ مجھے خوشی ہے کہ اس محفل کی میزبانی کا شرف مجھے حاصل ہوا۔ میں، عنبرین عجائب، بیداری نامی تنظیم کے ساتھ منسلک ہوں جو عورتوں کے حقوق اور گھریلو تشدد کے

خلاف آواز اٹھاتی ہے۔ بیداری نہ صرف مظلوم خواتین کو قانونی امداد اور نفسیاتی معاونت فراہم کرتی ہے بلکہ ان کے حالات بدلنے کے لیے ماحول بھی تشکیل دیتی ہے۔ مجھے امید تھی کہ ڈاکٹر سہیل کی فلاسفی، جس میں انسانی تعلقات کو بہتر بنانے اور رشتوں میں مضبوطی لانے پر زور دیا جاتا ہے، بیداری کے کام کو بھی ایک نئی جہت دے گی۔

انٹرویو سے قبل میں قدرے مضطرب تھی کہ آیا ڈاکٹر صاحب کی باتیں عام لوگوں کے لیے قابلِ فہم ہوں گی؟ کیا یہاں موجود شرکاء ان تصورات کو اپنی ذاتی زندگی کے حالات سے جوڑ پائیں گے؟ ایک اور تشویش یہ تھی کہ ڈاکٹر سہیل کا تجربہ زیادہ تر کینیڈا میں ہے، جہاں کے سماجی اور خاندانی ڈھانچے پاکستان سے مختلف ہو سکتے ہیں۔ کیا گرین زون فلاسفی کو پاکستان میں عملی سطح پر بروئے کار لا کر تعلقات میں بہتری لائی جا سکتی ہے؟ مگر یہ تمام خدشات اس وقت دُھندلا گئے جب انٹرویو شروع ہوا۔ ڈاکٹر صاحب کی گفتگو میں ایک ایسا سحر اور وضاحت تھی کہ پوری محفل ان کی آواز کے زیرِ اثر آ گئی۔ مجھے یوں محسوس ہوا جیسے وقت پلک جھپکتے گزر گیا۔ ایک گھنٹے کے بعد میرے سوال ختم ہو گئے، لیکن شرکا کے ذہنوں میں نت نئے سوالات جنم لینے لگے۔ ہماری منصوبہ بندی یہ تھی کہ 15 سے 20 منٹ سوال و جواب رکھیں گے، مگر حاضرین کی دلچسپی اور ان کے سوالات اتنے اہم اور زندگی سے جُڑے ہوئے تھے کہ یہ سلسلہ ایک گھنٹہ مزید چلتا رہا۔ یوں ایک گھنٹے اور 20 منٹ کا پروگرام ڈھائی گھنٹے تک طول پکڑ گیا، مگر اس کی خوبصورتی یہ تھی کہ ہال میں بیٹھا ہر شخص آخر تک موجود رہا، کسی نے بوریت یا تھکن کا شکوہ نہیں کیا۔

اس شام نے مجھے احساس دلایا کہ ڈاکٹر خالد سہیل کی گرین زون فلاسفی صرف ایک نظریہ نہیں، بلکہ ایک عملی راہ ہے جو لوگوں کو نہ صرف اپنی ذہنی صحت اور جذباتی توازن بہتر بنانے میں مدد دے سکتی ہے بلکہ رشتوں کو مضبوط، دیرپا اور ہم آہنگ بنانے میں بھی معاون ثابت ہوتی ہے۔ اسی خیال سے ہم نے فیصلہ کیا کہ اس انٹرویو کی تحریری

شکل ایک چھوٹی کتاب کی صورت میں پیش کی جائے، تاکہ وہ لوگ جو اس شام وہاں موجود نہ تھے، وہ بھی اس سے مستفید ہوں۔ مجھے یقین ہے کہ یہ الفاظ، یہ تجربات، یہ سوالات اور جوابات آپ کو بھی ایک سحر میں مبتلا کر دیں گے، اور آپ کی زندگی میں رشتوں کو نئے زاویے سے دیکھنے کی ترغیب دیں گے۔

اس انٹرویو کو پڑھتے ہوئے آپ کو یوں محسوس ہوگا جیسے آپ بھی اسی محفل کا حصہ ہیں، جہاں عام لوگوں کے عام سوالات، ڈاکٹر صاحب کے عمیق تجربات اور گرین زون فلاسفی کی گونج دار بازگشت مل کر ایک ایسا ماحول تشکیل دے رہے ہیں جو امید، افہام و تفہیم، اور محبت سے لبریز ہے۔ اگر یہ تحریر آپ کی زندگی میں ذرا سی بھی بہتری لانے میں کامیاب ہو جائے، تو یہ ہمارے اس محنت طلب اقدام کا بہترین صلہ ہوگا۔

☆......☆......☆

عنبرین عجائب

میں بہت نروس ہوں کہ ایک مشہور شخصیت کے ساتھ اسٹیج شیئر کرنا ہے اور گفتگو ماڈریٹ کرنی ہے لیکن ساتھ ہی میرے لیے ایک اعزاز کی بات ہے۔ ڈاکٹر صاحب! آپ کا وقت دینے کا شکریہ۔

ڈاکٹر صاحب کے کام کی خاص بات یہ ہے کہ وہ ذہنی صحت، نفسیات اور تصوف کے باہمی تعلق کو نہایت خوبصورتی سے بیان کرتے ہیں اور اپنے کام میں اس کی وضاحت بھی کی ہے۔ ان کے کام میں مشرق اور مغرب کے علاج کے طریقوں کے فرق پر خاص توجہ دی گئی ہے۔ وہ ثقافتی اقدار اور خود شناسی جیسے موضوعات پر بھی مستقل لکھتے رہے ہیں۔

ڈاکٹر صاحب ستر کے قریب کتابوں کے مصنف ہیں۔ اس کے علاوہ، وہ

سینکڑوں آرٹیکل لکھ چکے ہیں اور میڈیا کے ساتھ معلوماتی پروگرام بھی کر چکے ہیں۔ شاعری کا شوق بھی رکھتے ہیں۔ ان کے کام کی خاص بات یہ ہے کہ وہ خود کو صرف ایک ماہرِ نفسیات کے طور پر نہیں دیکھتے بلکہ انسانی اقدار اور تعلقات کو بہت اہمیت دیتے ہیں اور انہیں اپنے کام کا حصہ بناتے ہیں۔ انسانی تعلقات اور رشتوں کے حوالے سے ان کی ''گرین زون فلاسفی'' کو دنیا بھر میں ایک اہم مقام حاصل ہے۔

بہت سارے سوالات جو مختلف لوگ ڈاکٹر صاحب سے کرتے رہے ہیں، ہم نے ان سوالات کی ایک فہرست بنائی ہے۔ یہ سوچا کہ اس محفل میں وہ سوالات کیے جائیں تا کہ جو لوگ ڈاکٹر صاحب تک نہیں پہنچ سکتے، وہ بھی ان کے جوابات سن سکیں۔ ڈاکٹر صاحب، ایک بار پھر آپ کا شکریہ!

ڈاکٹر خالد سہیل :

اس سے پہلے کہ آپ سوال کریں، میں چاہتا ہوں کہ ڈاکٹر پرویز ہود بھائی کی شخصیت کا ذکر کروں۔ میں ان کی سوچ اور ان نظریات سے بہت متاثر ہوں جن کی وہ پاکستان میں نمائندگی کرتے ہیں۔ ہماری کئی ملاقاتیں ہوئیں اور ہم نے کچھ پروگرام بھی اکٹھے کیے۔ جب مجھے معلوم ہوا کہ یہ پروگرام ''بلیک ہول'' میں ہو رہا ہے، جس کا تعلق ڈاکٹر پرویز ہود بھائی سے بھی ہے، تو میرے لیے یہ ایک اعزاز کی بات تھی۔

عنبرین عجائب کی میزبانی میں اس پروگرام کا حصہ بننا میرے لیے بھی خوشی کا باعث ہے۔

جیسا کہ آپ جانتے ہیں، میں ''بیداری'' کے ساتھ منسلک ہوں۔ آج کا یہ پروگرام ''بیداری'' کے مشن سے گہرا تعلق رکھتا ہے۔ جب ہم صنفی تشدد کی بات کرتے ہیں تو انسانی تعلقات کا اس میں بنیادی کردار ہے۔ آج مارچ کا آغاز ہے اور آٹھ مارچ تک ہم کئی سرگرمیاں کریں گے۔ یہ سیشن بھی ہماری سرگرمیوں کا ایک اہم حصہ ہے۔

عنبرین:

ڈاکٹر صاحب، سب سے پہلے آپ ہمارے حاضرین کو یہ بتائیں کہ آپ نے طب اور پھر نفسیات کو اپنے کیریئر کے طور پر کیوں اور کیسے منتخب کیا؟

ڈاکٹر خالد سہیل:

بہت سی پاکستانی ماؤں کی طرح میری والدہ عائشہ کی خواہش تھی کہ ان کا بیٹا ڈاکٹر بنے۔ میرے ڈاکٹر بننے کے پیچھے ایک ذاتی پہلو بھی تھا۔ میرے بائیں کان میں پیدائشی طور پر ایک مسئلہ تھا، جس کی وجہ سے میری والدہ پریشان رہتی تھیں۔ وہ مجھے چادر میں لپیٹ کر رکھتی تھیں تاکہ یہ لوگوں کو نظر نہ آئے۔

جب میں تین سال کا تھا تو وہ مجھے ایک سرجن کے پاس لے گئیں۔ مجھے یاد نہیں میرا کان پہلے کیسا تھا، لیکن علاج کے بعد یہ نارمل نظر آنے لگا۔ میری والدہ اس سرجن سے بہت متاثر ہوئیں اور انہیں "ٹوپی والا ڈاکٹر" کہتی تھیں۔ وہ ہمیشہ کہتی تھیں کہ میں چاہتی ہوں میرا بیٹا بھی ڈاکٹر بنے۔

جب میں نے خیبر میڈیکل کالج سے ایم بی بی ایس مکمل کیا تو میری پہلی خواہش تھی کہ میں گائناکالوجسٹ بنوں کیونکہ میں عورت کے بچے پیدا کرنے کے عمل کو معجزاتی سمجھتا ہوں۔ اپنی ہاؤس جاب کے دوران میں نے لیبر روم میں کام کیا، لیکن بدقسمتی سے مجھے اندازہ ہوا کہ پاکستان میں عورتیں ایک مرد ڈاکٹر سے علاج کروانے میں ہچکچاہٹ محسوس کرتی ہیں۔

پشاور میں یہ اور بھی مشکل تھا۔ ایک موقع پر ہسپتال کے ایڈمنسٹریٹر نے کہا کہ اس ہسپتال کے پچھتر سال کی تاریخ میں کبھی کسی مرد ڈاکٹر نے گائناکالوجی کے شعبے میں اپلائی نہیں کیا۔ میں نے کہا کہ اگر پچھلے پچھتر سالوں میں ایسا نہیں ہوا تو اس کا مطلب یہ

نہیں کہ اگلے پچھتر سالوں میں بھی نہ ہو۔ میری سینئر ڈاکٹر شمیم مجید نے مجھے اس شعبے میں قبول کیا اور میں نے بہت محنت سے وہاں کام کیا۔ لیکن وہاں کے حالات کی وجہ سے اس شعبے میں کام جاری رکھنا ممکن نہیں تھا۔

پھر میں نے نفسیات کا شعبہ چنا کیونکہ مجھے محسوس ہوا کہ انسانی رویوں اور تعلقات کو سمجھنے میں نفسیات کا اہم کردار ہے۔ اس کا ایک ذاتی پہلو بھی ہے جو میں یہاں ذکر کرنا چاہوں گا۔ اکثر ماہرینِ نفسیات اپنے ذاتی تجربات کو چھپاتے ہیں، لیکن میں ان سے مختلف ہوں اور اپنے ذاتی تجربات شیئر کرتا ہوں۔

جب میں دس سال کا تھا، میرے والد کا نروس بریک ڈاؤن ہوا۔ وہ ایک سال تک بیمار رہے اور انہیں شاک ٹریٹمنٹ دیا گیا۔ اس دوران میں نے سیکھا کہ ایک دماغی بیماری صرف مریض کا مسئلہ نہیں بلکہ پورے خاندان کا مسئلہ بن جاتی ہے۔ اس تجربے نے مجھے نفسیات کے شعبے کو اپنانے کی ترغیب دی۔

بعد میں مَیں ایران چلا گیا اور ہمدان شہر میں بوعلی سینا کے مزار کے سامنے ایک بچوں کے کلینک میں کام کیا۔

جب میں شام کو کلینک سے واپس آتا تھا تو ایروگرام کے ذریعے مختلف اداروں کو خط لکھتا تھا۔ خط میں یہ ذکر کرتا کہ میں ڈاکٹر سہیل ہوں، خیبر میڈیکل کالج سے ایم بی بی ایس کیا ہے، اور مجھے سائیکاٹری میں دلچسپی ہے۔ میں نے اس سلسلے میں سینکڑوں خطوط لکھے۔ چھ ماہ بعد مجھے نیوزی لینڈ، آئرلینڈ، اور کینیڈا کے نیوفاؤنڈ لینڈ سے جوابات ملے۔

میں نے ڈاکٹر شمیم مجید سے مشورہ کیا تو انہوں نے کینیڈا کو منتخب کرنے کا مشورہ دیا۔ یوں میں میڈیکل سے سائیکاٹری کی طرف منتقل ہوا۔ اگرچہ میری والدہ کی خواہش تھی کہ میں ڈاکٹر بنوں، لیکن چونکہ مجھے ادب، فلسفے اور شاعری سے بھی لگاؤ تھا، اس لیے مجھے لگا کہ اگر میڈیکل اور فلسفے کو ملایا جائے تو سائیکوتھراپی کی بنیاد پڑتی ہے۔

یہ شعبہ میرے لیے ایک خوشگوار تجربہ رہا۔ مجھے کبھی یہ محسوس نہیں ہوا کہ میں کام کر رہا ہوں۔ انسانی دماغ کی گتھیوں کو سُلجھاتے ہوئے میں نے ہمیشہ بہت کچھ سیکھا۔ یہ شعبہ ہمیشہ میرے لیے دلچسپ رہا ہے، اور مجھے کبھی پچھتاوا نہیں ہوا کہ میں نے طب چھوڑ کر نفسیات کو چُنا۔

عنبرین:

ڈاکٹر صاحب! کہا جاتا ہے کہ طِب کے شعبے میں یونان کا بہت اہم کردار ہے۔ آپ اس بارے میں کیا کہتے ہیں؟

ڈاکٹر خالد سہیل:

یونانی فلسفیوں کی خدمات قابلِ ستائش ہیں۔ یونانی فلسفیوں نے پہلی بار اس غلط فہمی کو ختم کیا کہ بیماریاں گناہوں کا نتیجہ ہوتی ہیں۔ فلسفی تھیلز آف میلیٹس نے کہا کہ قدرت کے قوانین کو سمجھ کر اور کائنات کے رازوں سے روشناس ہو کر ہم اپنی زندگیوں کو بہتر بنا سکتے ہیں۔ سقراط اور ارسطو کا زیادہ تعلق فلسفے سے تھا، لیکن طب کے میدان میں بقراط نے نمایاں کام کیا، جنہیں آج ہم "فادر آف میڈیسن" کہتے ہیں۔

بقراط سے پہلے لوگ بیماریوں کو گناہوں کا نتیجہ سمجھتے تھے اور یہ یقین رکھتے تھے کہ عبادت، معافی یا قربانی سے یہ ٹھیک ہو جاتی ہیں۔ بقراط نے پہلی بار یہ نظریہ پیش کیا کہ صحت کا گناہوں سے کوئی تعلق نہیں۔ انہوں نے چار اصول دیے جو آج بھی طبی ماہرین کے لیے اہم ہیں:

1۔ متوازن غذا   2۔ ورزش   3۔ زیادہ پانی پینا   4۔ گہری نیند

جو لوگ ان اصولوں پر عمل کرتے ہیں، وہ ایک صحتمند اور متوازن زندگی گزارتے ہیں۔

19

جالینوس، ایک اور عظیم یونانی طبیب اور فلسفی، نے بقراط کے نظریات کو مزید آگے بڑھایا۔ ان کا کہنا تھا کہ ایک طبیب کو ایک فلسفی بھی ہونا چاہیے تا کہ وہ زندگی کی گہرائیوں کو سمجھ سکے اور مریضوں کی بہتر طریقے سے مدد کر سکے۔ جالینوس نے انسانی جسم کے بارے میں جاننے کے لیے جانوروں پر تجربات کیے، کیونکہ اس وقت انسانی لاشوں پر تحقیق کی اجازت نہیں تھی۔

چند سو سال بعد بوعلی سینا کا نام آتا ہے، جنہوں نے بقراط اور جالینوس کے نظریات کو آگے بڑھایا۔ (مجھے بوعلی سینا سے ایک خاص نسبت ہے۔ خیبر میڈیکل کالج کے رسالے کا نام ''سینا'' اُنہی کے نام پر رکھا گیا، اور میں اس کا ایڈیٹر تھا۔ ایران میں بھی میرا کلینک بوعلی سینا کے مزار کے سامنے تھا۔) بوعلی سینا نے اپنی تمام تحقیق اور تجربات کو ''کینن آف میڈیسن'' میں محفوظ کیا، جو سات سو سال تک دنیا بھر کی یونیورسٹیوں میں پڑھائی جاتی رہی۔

میں سمجھتا ہوں کہ آج کی میڈیکل سائنس میں تھیلز آف میلیٹس، بقراط اور بوعلی سینا کے کردار کو نظر انداز نہیں کیا جا سکتا۔

عنبرین:

ڈاکٹر صاحب! یہ کہا جاتا ہے کہ نفسیاتی طور پر مضبوط انسان کم بیمار ہوتا ہے، جبکہ نفسیاتی کمزوری جسمانی بیماریوں کا سبب بنتی ہے۔ کیا آپ اس بات سے متفق ہیں؟

ڈاکٹر خالد سہیل:

جی، بالکل۔ انسانی جسم اور ذہن کے تعلق کو ''سائیکوسومیٹک میڈیسن'' کے تحت سمجھا جاتا ہے۔ مریض اکثر سر درد، بلڈ پریشر یا معدے کے مسائل جیسے جسمانی امراض لے کر آتے ہیں۔ تحقیق بتاتی ہے کہ جسمانی کمزوریوں کے علاوہ ذہنی دباؤ (سٹریس)

بھی ان بیماریوں کو بڑھا دیتا ہے۔

مغرب میں فیملی فزیشنز جانتے ہیں کہ تقریباً پچاس فیصد مریض کسی نہ کسی نفسیاتی مسئلے کی وجہ سے بیمار ہوتے ہیں۔ اسی لیے وہ اپنے مریضوں کو ماہرینِ نفسیات کے پاس ریفر کرتے ہیں۔ یہاں تک کہ دماغی امراض بھی کسی نہ کسی سطح پر سائیکوسومیٹک ہوتے ہیں، کیونکہ دماغ بھی جسم کے دیگر اعضاء کی طرح ایک عضو ہے۔

جب ذہنی دباؤ بڑھتا ہے تو یہ دماغ کو متاثر کرتا ہے اور نتیجتاً دماغی امراض پیدا ہوتے ہیں۔ میں سمجھتا ہوں کہ ایک اچھی جسمانی صحت کے لیے ذہنی سکون اور نفسیاتی صحت کا ہونا بہت ضروری ہے۔

عنبرین:

بہت شکریہ، ڈاکٹر صاحب۔ میں نے یہ سوال اس لیے پوچھا کہ یہاں عام طور پر یہ سمجھا جاتا ہے کہ تھراپسٹ کے پاس صرف وہ لوگ جاتے ہیں جو 'پاگل' ہوتے ہیں۔ لیکن آپ کے جواب سے یہ واضح ہوتا ہے کہ جس طرح جسمانی امراض کے لیے ڈاکٹر کے پاس جانا ضروری ہے، اسی طرح ذہنی صحت کے مسائل کے حل کے لیے تھیراپسٹ کے پاس جانا بھی اہم ہے۔ ذہنی اُلجھنوں کو سلجھانے سے یہ بھی ممکن ہے کہ انسان کو جسمانی امراض کے علاج کے لیے ڈاکٹر کے پاس جانے کی ضرورت ہی پیش نہ آئے۔

میرا اگلا سوال یہ ہے، کیا ہر انسان کے نفسیاتی مسائل ایک جیسے ہوتے ہیں؟ اور کیا ایک جیسے نفسیاتی مسائل کا علاج ہر مریض کے لیے ایک جیسا ہوتا ہے؟ علاج کے دوران ایک ماہرِ نفسیات کو کن باتوں کا خیال رکھنا چاہیے؟

ڈاکٹر خالد سہیل:

یہ ایک وسیع اور پیچیدہ موضوع ہے اور اس کے کئی ماڈلز ہیں۔ میں یہاں

21

''بائیوسائیکوسوشل ماڈل'' کا ذِکر کروں گا، جو ذہنی صحت کو سمجھنے اور اس کا علاج کرنے کے لیے ایک جامع طریقہ فراہم کرتا ہے۔

اس ماڈل کے مطابق، ہر ذہنی بیماری کے تین اہم پہلو ہوتے ہیں:

1۔ بائیولوجیکل فیکٹرز:

ہر ذہنی بیماری میں جینیاتی اور حیاتیاتی عناصر کا عمل دخل ہوسکتا ہے۔ مثال کے طور پر شیزوفرینیا ایک ایسی بیماری ہے جو موروثی ہوسکتی ہے۔ دنیا میں عام طور پر شیزوفرینیا ہونے کا امکان ایک فیصد ہوتا ہے، لیکن اگر والدین میں سے کسی ایک کو یہ بیماری ہو، تو یہ امکان دس سے پندرہ فیصد ہوجاتا ہے۔ اسی طرح اگر مونوزائیگوٹک جڑواں بچوں میں سے کسی ایک کو شیزوفرینیا ہو تو دوسرے جڑواں بچے کے لیے یہ خطرہ ستر فیصد تک بڑھ جاتا ہے۔

اس سے واضح ہوتا ہے کہ موروثی عوامل ذہنی امراض میں اہم کردار ادا کرتے ہیں۔ اسی طرح، بائیوکیمیکل تبدیلیاں، جو جسمانی امراض جیسے بلڈ پریشر یا ذیابیطس کی وجہ بنتی ہیں، دماغ پر بھی اثر ڈال سکتی ہیں، کیونکہ دماغ بھی جسم کا ایک عضو ہے۔

2۔ سائیکولوجیکل فیکٹرز:

یہ انسان کی نفسیاتی نوعیت سے متعلق ہیں۔ مثال کے طور پر، اگر آپ ڈپریشن کے سو مریضوں کا جائزہ لیں تو ان میں سے پچاس آئیڈیل پسند اور مثالیت پسند ہوتے ہیں۔ انہیں ہر چیز اور ہر کام پرفیکٹ چاہیے، جو حقیقت پسندانہ نہیں ہوتا۔ ان کی توقعات خود سے اور دوسروں سے غیر حقیقی طور پر زیادہ ہوتی ہیں۔ جب یہ توقعات پوری نہیں ہوتیں تو وہ مایوسی کا شکار ہو کر ڈپریشن میں مبتلا ہوجاتے ہیں۔

3۔ سوشل فیکٹرز:

یہ انسان کے ارد گرد کے ماحول، کمیونٹی اور خاندان سے متعلق ہیں۔ اگر آپ ایسے ماحول میں رہتے ہیں جہاں تشدد عام ہو اور اس کے خلاف کوئی آواز نہ اُٹھائی جائے تو ایک خوف کا ماحول پیدا ہوتا ہے جو آپ کی نفسیات پر گہرے اثرات ڈالتا ہے۔

جب ہم کسی مریض کا جائزہ لیتے ہیں تو ان تینوں عوامل پر غور کرتے ہیں اور پھر علاج تجویز کرتے ہیں۔

علاج کے طریقے:

اگر بیماری کا سبب بائیولوجیکل ہو تو دوائیں تجویز کی جاتی ہیں، جیسے اینٹی سائیکاٹک یا اینٹی ڈپریسنٹ دوائیں۔ اگر مسئلہ نفسیاتی ہو، تو کونسلنگ اور تھراپی کے سیشنز کیے جاتے ہیں اور اگر سوشل مسائل ہوں، تو انفرادی کونسلنگ کے ساتھ ساتھ کپل، فیملی، یا گروپ کونسلنگ کی جاتی ہے۔

بعض اوقات ان تمام طریقوں کا کمبینیشن بھی استعمال کیا جاتا ہے۔ میری نوے فیصد مریض کسی بھی میڈیکیشن پر نہیں ہوتے۔ اس لیے ہر مریض اور ہر بیماری کے لیے علاج کا طریقہ مختلف ہوتا ہے اور یہ فیصلہ بیماری کے پیچھے کارفرما عوامل کی بنیاد پر کیا جاتا ہے۔

ٹیم ورک اور جدید سہولتیں:

میں جس ہسپتال میں کام کرتا تھا، وہاں ہم نے ایک جامع ٹیم بنائی تھی جس میں ایک سائیکاٹرسٹ، ایک سائیکالوجسٹ، ایک نرس اور ایک سوشل ورکر شامل تھے۔ میں بطور سائیکاٹرسٹ مریض کے امراض کا جائزہ لیتا اور انفرادی کونسلنگ کرتا تھا۔

سائیکالوجسٹ فیملی اور گروپ کونسلنگ کرتے تھے۔ سوشل ورکر مریض کے گھر کا دورہ کرتے تھے تاکہ ان کے سماجی ماحول کو سمجھ سکیں۔

اگر ضرورت پڑتی تو مریض کے مذہبی رہنما کو بھی شامل کیا جاتا تھا تاکہ علاج میں مدد مل سکے۔ اس کے علاوہ، چونکہ کینیڈا میں مختلف زبانیں بولنے والے لوگ رہتے ہیں، ہم نے مختلف زبانوں کے ماہرین کی ایک فہرست بنائی تھی۔ یہ ماہرین آن کال ہوتے تھے تاکہ مریض اپنی زبان میں اپنی بات کہہ سکیں۔

یہ خاص طور پر خواتین مریضوں کے لیے بہت اہم تھا، کیونکہ بہت سی خواتین انگریزی نہیں بول سکتیں۔ ان سہولتوں کی وجہ سے علاج زیادہ مؤثر اور مریضوں کے لیے آسان ہو جاتا تھا۔

عنبرین:

یہ بہت ضروری تھا کیونکہ ہم اکثر ایک ہی سمت میں چل پڑتے ہیں، جیسے اگر کونسلنگ شروع ہو جائے تو صرف کونسلنگ ہی ہوتی رہتی ہے اور اگر دوائیوں سے علاج ہو رہا ہو تو صرف دوائیوں پر ہی فوکس ہوتا ہے۔ میں نے اپنی بزرگ خواتین کو یہ کہتے بھی سنا ہے کہ یہ کیسا ڈاکٹر ہے جس نے ایک گولی بھی نہیں دی۔ ہمیں یہ سمجھنا چاہیے کہ ہر مرض کا علاج دوائی نہیں ہوتا بلکہ بعض اوقات مریض کو صرف سننے والے کان اور ایسی جگہ کی ضرورت ہوتی ہے جہاں وہ بلا جھجک اپنے دل کی بات کہہ سکیں۔

بات کو آگے بڑھاتے ہوئے، مَیں طب سے ہٹ کر نفسیات اور روحانیت کے تعلق پر بات کرنا چاہتی ہوں۔ ہمارے معاشرے میں یہ عام سننے کو ملتا ہے کہ فلاں پیر دم کے ذریعے رسولیاں ختم کر دیتا ہے، اپنڈکس کا علاج کرتا ہے، یا دم کروا کر سر درد ٹھیک ہو جاتا ہے۔ دلچسپ بات یہ ہے کہ لوگ ان باتوں پر یقین بھی رکھتے ہیں۔ کیا ان

چیزوں کا تعلق انسانی نفسیات سے ہے؟ آپ اسے کیسے دیکھتے ہیں؟

خالد سہیل:

آپ کے سوال کا جواب دینے سے پہلے، میں ''سائیکی'' کے لفظ پر بات کرنا چاہوں گا۔ نفسیات کی تمام شاخوں میں ''سائیکی'' کا لفظ استعمال ہوتا ہے۔ میں نے اس پر کچھ تحقیق کی تو معلوم ہوا کہ تقریباً دوسو سال پہلے ''سائیکی'' کا مطلب روح یا Soul لیا جاتا تھا۔ روح کے بارے میں مختلف عقائد اور روایات موجود ہیں۔

پہلی روایت جیوڈو کرسچین اور اسلامی روایات سے آتی ہے، جس کے مطابق روح بدن سے الگ ایک ہستی ہے جو عالم ارواح میں رہتی ہے اور حمل کے دوران کسی سٹیج پر بچے میں داخل ہوتی ہے۔ حاملہ خواتین جانتی ہیں کہ سولہ سے اٹھارہ ہفتے کے حمل کے بعد ایک وقت ایسا آتا ہے جب وہ بچے کی حرکت محسوس کرتی ہیں، جسے طبی زبان میں ''کوئکننگ'' (Quickening) کہتے ہیں۔ اس مرحلے کو حوصلہ افزا سمجھا جاتا ہے، اور بہت سے عقائد کے مطابق یہ وہ وقت ہوتا ہے جب روح بچے میں داخل ہوتی ہے۔ یہ رُوح انسان کی زندگی میں رہتی ہے اور موت کے بعد جسم سے نکل کر دوبارہ عالم ارواح میں چلی جاتی ہے۔

مسلمان، یہودی اور مسیحی مانتے ہیں کہ روحیں عالمِ ارواح میں قیامت کا انتظار کرتی ہیں اور قیامت کے دن حساب دیں گی۔ ان عقائد کے مطابق روح واپس نہیں آتی۔

دوسری روایت ہندو اور بدھسٹ مذاہب سے آتی ہے، جن کے مطابق روح اگرچہ جسم سے الگ چیز ہے، لیکن اپنے اعمال کی بنیاد پر واپس آتی ہے۔ کچھ لوگ مانتے ہیں کہ روح صرف انسانوں میں واپس آتی ہے، جبکہ کچھ یقین رکھتے ہیں کہ وہ جانوروں میں بھی آسکتی ہے۔

تیسری روایت ان لوگوں کی ہے جو روح کے وجود کو تسلیم نہیں کرتے اور زندگی کی بنیاد صرف سائنس پر رکھتے ہیں۔ ان کے مطابق ''سائیکی'' کا ترجمہ ''مائنڈ'' یا ذہن ہے جو جسم کے ساتھ جڑا ہوا ہے۔ جب جسم کے اعضاء، دل اور دماغ کام کرنا بند کر دیتے ہیں، تو مائنڈ بھی ختم ہو جاتا ہے۔

یہ وضاحت اس لیے ضروری تھی کہ ''سائیکی'' کی تعریف ہر عقیدے کے مطابق مختلف ہے اور اسی لیے روحانیت اور نفسیات آپس میں جڑے ہوئے نظر آتے ہیں۔

بقراط نے طب اور روحانیت کو الگ کیا تھا۔ انسان میڈیکل، فزیکل یا سائیکولوجیکل علامات کا مشاہدہ کر کے بیماری کی تشخیص کرتا ہے اور علاج کے بعد صحتیاب ہوتا ہے۔ لیکن روحانیت عقیدے کی بات ہے، اور میں سمجھتا ہوں کہ ہر کسی کو اپنا عقیدہ رکھنے کا حق ہے، تاہم سائنس اور عقیدے کو الگ الگ رکھنا ضروری ہے۔

میری ممانی بلقیس کی ایک مثال ہے، جن سے میری جذباتی وابستگی تھی۔ ان کے شوہر، میرے ماموں ظہور، بھی شفیق انسان تھے۔ شادی کے کچھ عرصے بعد ماموں انہیں بحرین لے گئے، جہاں وہ ایڈجسٹ نہ کر سکیں اور نروس بریک ڈاؤن کا شکار ہو گئیں۔ وہ پاکستان واپس آئیں اور انہیں دورے پڑنے لگے۔

ماموں نے مجھ سے مشورہ کیا اور میں نے انہیں ایک سائیکاٹرسٹ کے پاس جانے کا کہا، جنہوں نے ممانی کو شیزوفرینیا کی تشخیص کی۔ کچھ دوائیوں اور انجیکشنز کے بعد ممانی کی حالت بہتر ہونے لگی۔ اس دوران ماموں کو کسی نے مشورہ دیا کہ ایک باباجی کے دم کیے پانی سے یہ مسئلہ ختم ہو سکتا ہے۔ ماموں انہیں وہاں لے گئے اور پانی دم کروا کر لائے۔

ماموں کا ماننا تھا کہ ممانی کی صحت دم کے پانی کی وجہ سے بہتر ہوئی ہے، جبکہ میں نے انہیں بتایا کہ یہ بہتری انجیکشن کی وجہ سے ہے۔ میں نے ان سے کہا کہ باقی جو چاہیں کرتے رہیں، لیکن دوائیاں دینا نہ چھوڑیں۔

بد قسمتی سے، دو سال بعد پاکستان میں وہ انجیکشن دستیاب نہیں رہے اور ممانی کی حالت پھر بگڑ گئی۔ وہ دم والا پانی پی رہی تھیں، لیکن اس سے کوئی فرق نہ پڑا۔ میں نے کینیڈا سے ان کے لیے چھ ماہ کے انجیکشن بھیجے اور دوسرے مہینے ہی ان کی طبیعت بہتر ہونے لگی۔

یہ مثال دینے کا مقصد یہ ہے کہ آپ اپنے عقیدے کے مطابق جو چاہیں کریں، لیکن بیماریوں کا علاج دوائیوں سے ہی ممکن ہے۔ علاج کو چھوڑنا نقصان دہ ہوسکتا ہے۔

عنبرین:

بہت شکریہ، آپ نے بہت خوبصورتی سے وضاحت کی۔ میں نے اپنے اردگرد اور بیداری میں صنفی تشدد کے کیسز میں اکثر یہ دیکھا ہے کہ ان مسائل کی جڑ کسی نہ کسی نفسیاتی مسئلے میں ہوتی ہے۔ یہی نفسیاتی مسائل رشتوں میں دراڑیں ڈال دیتے ہیں جو بعد میں تشدد کی شکل اختیار کر لیتے ہیں۔ اسی طرح عام زندگی میں، جیسے کام کی جگہ پر یا دوستوں کے درمیان کھچاؤ، اکثر ایک فریق کے نفسیاتی مسائل کی وجہ سے پیدا ہوتا ہے۔ آپ کے خیال میں اس کے پیچھے کون سے عوامل کارفرما ہیں؟

خالد سہیل:

یہ ایک اہم سوال ہے، اور اس کا جواب دینے کے لیے میں چاہوں گا کہ پہلے تھوڑی بات ہماری روایات اور جدید نفسیات کے کچھ اہم پہلوؤں پر کی جائے۔ بیسویں صدی میں چند بڑے فلسفیوں اور ماہرینِ نفسیات نے جدید میڈیسن اور نفسیات کی بنیاد رکھی۔ ان میں سگمنڈ فرائڈ کا نام سب سے نمایاں ہے۔

فرائڈ نے دنیا کو یہ بتایا کہ انسان کی سوچ میں شعور کے ساتھ ساتھ لاشعور کا بھی کردار ہوتا ہے۔ انہوں نے ہسٹیریا کی مریض عورتوں کے ساتھ کام کرتے ہوئے ''ریپریشن'' (رَد کرنا) کی اصطلاح متعارف کرائی۔ اس کے مطابق، ہم جو باتیں یا

واقعات پسند نہیں کرتے، انہیں لاشعور میں دھکیل دیتے ہیں۔ لیکن یہ مسائل ختم نہیں ہوتے بلکہ اندر ہی اندر دیمک کی طرح ہمیں کھاتے رہتے ہیں اور نفسیاتی بیماریوں کا سبب بنتے ہیں۔

فرائڈ کا زیادہ تر فوکس ایک فرد کی اندرونی زندگی پر تھا، لیکن ہیری سٹاک سالیون ایک اور اہم ماہرِ نفسیات تھے، جنہوں نے باہمی تعلقات پر روشنی ڈالی۔ اگرچہ وہ فرائڈ جتنے مشہور نہیں ہوئے، لیکن ان کا کردار بھی اتنا ہی اہم ہے۔

فرائڈ کے مطابق، ''ایڈ'' (یعنی جبلت) اور ''سپر ایگو'' (یعنی ضمیر) کے درمیان تناؤ انسان میں اینگزائٹی پیدا کرتا ہے، اور ''ایگو'' ان دونوں کے درمیان فیصلہ کرنے میں اُلجھ جاتی ہے۔

ہیری سٹاک نے کہا کہ اینگزائٹی صرف ایک اندرونی مسئلہ نہیں بلکہ باہمی تعلقات کا نتیجہ بھی ہوسکتی ہے۔ مثال کے طور پر، جب آپ کسی سے ملتے ہیں اور محسوس کرتے ہیں کہ وہ آپ کو رنگ، مذہب، یا کسی اور بنیاد پر جج کر رہا ہے، تو آپ کو اینگزائٹی ہوتی ہے۔ یہ مسئلہ نہ صرف فرد کا ہے بلکہ سماجی بھی ہے۔

ہیری سٹاک کی ایک اہم تحقیق بچوں کو دودھ پلانے والی ماؤں کے ذہنی دباؤ پر تھی۔ انہوں نے دودھ پلانے والی ماؤں کے بازوؤں پر الیکٹروڈز لگا کر ان کے تناؤ کا جائزہ لیا اور بچوں کے رویے کا مطالعہ کیا۔

انہوں نے دیکھا کہ جو مائیں بچے کی پیدائش کے بعد خوش تھیں، ان کے بازو دودھ پلاتے وقت ریلیکس ہوتے تھے، اور ان کے بچے صحتمند اور خوش تھے۔ اس کے برعکس، وہ مائیں جو ماں بننے پر خوش نہیں تھیں، ان کے بازو تناؤ کا شکار تھے، اور ان کے بچے چڑچڑے اور کمزور تھے۔ اس تحقیق سے یہ نتیجہ نکالا گیا کہ ماں کی اینگزائٹی بچے میں منتقل ہوتی ہے۔

ہیری سٹاک نے سیلف اسٹیم (خود اعتمادی) کے تصور پر بھی روشنی ڈالی۔ ان کے مطابق، انسان کی صحت اور خوشحالی اس کے رشتوں کی مضبوطی سے جڑی ہوئی ہے۔ اگر لوگ آپ کو جج کریں، آپ کی تذلیل کریں، یا آپ کے ساتھ بدسلوکی کریں، تو یہ آپ کی شخصیت پر منفی اثر ڈالتا ہے۔

بچوں پر ان کے والدین اور وسیع خاندان کے رویے کا بھی گہرا اثر ہوتا ہے۔ ہمارے معاشرے میں دادا، دادی، نانا، نانی اور دیگر رشتہ دار بچے کی شخصیت پر اثر انداز ہوتے ہیں۔ مغرب میں وسیع خاندان کا تصور ختم ہونے کی ایک وجہ یہ ہے کہ وہاں بچوں کی پرورش میں زیادہ تر والدین کا کردار ہوتا ہے۔

ہمارے معاشرے میں جنریشن گیپ کی وجہ سے مسائل پیدا ہوتے ہیں۔ بچے یہ سمجھ نہیں پاتے کہ ان کی بنیادی ذمہ داری ماں کی ہے، نانی کی، یا باپ کی۔ یہ کنفیوژن ان کی شخصیت کی نشوونما میں رکاوٹ بن جاتی ہے۔

یہ تمام عوامل انفرادی، سماجی، اور خاندانی انسان کے نفسیاتی مسائل کی بنیاد بنتے ہیں اور رشتوں میں تناؤ پیدا کرتے ہیں۔ ان مسائل کو سمجھنے اور حل کرنے کے لیے ہمیں انفرادی، خاندانی، اور سماجی سطح پر کام کرنا ہوگا تاکہ لوگ صحت مند زندگی گزار سکیں اور ان کے رشتے مضبوط ہوں۔

ہمارے ہاں تعلقات میں مسائل کے حل کے لیے جو طریقہ کار اپنایا جاتا ہے، وہ اکثر عدم مساوات پر مبنی ہوتا ہے۔ وہ لوگ جن سے ہمارا رابطہ ہوتا ہے، یا تو ہمیں پیر بنا لیتے ہیں یا خود ہمارے پیر بننے کی کوشش کرتے ہیں۔ برابری کی بنیاد پر مسائل کو حل کرنے کا تصور کم ہی نظر آتا ہے۔

میں اکثر کہتا ہوں، ''نہیں بھئی، آپ ہمارے دوست ہیں، ہم پیر یا مرشد نہیں ہیں۔'' مریضوں کے ساتھ بھی میرا رویہ برابری کی بنیاد پر ہوتا ہے، خاص طور پر خواتین

کے ساتھ۔ میں ان سے بہت کچھ سیکھتا ہوں۔ میں جانتا ہوں کہ یہ خواتین ڈپریشن کا شکار ہیں اور ان کے پیچھے کئی مسائل ہیں، جیسے نوکری نہ ہونا، اکیلے پن کا احساس، اور یہ کہ وہ بہت مشکل حالات میں چھوٹے بچوں کی پرورش کر رہی ہیں۔ بعض اوقات ان کے پاس کلینک آنے کے لیے کرایہ تک نہیں ہوتا۔

اس کے باوجود وہ مسکرا رہی ہوتی ہیں اور اپنی زندگی کو بہتر بنانے کے لیے بھرپور کوشش کر رہی ہوتی ہیں۔ میں تو ایسی زندگی کا تصور بھی نہیں کر سکتا۔ ان خواتین کی جدوجہد دیکھ کر میں ان سے بہت کچھ سیکھتا ہوں۔

میں سمجھتا ہوں کہ انسانی رشتوں اور تعلقات کی اہمیت کو سمجھنا بہت ضروری ہے، اور یہ ایک ایسا پہلو ہے جس پر ہم اکثر توجہ نہیں دیتے۔

کینیڈا میں ہم نے ''فیملی آف دی ہارٹ'' کا تصور متعارف کرایا ہے۔ اس کا مقصد یہ ہے کہ اگر آپ اپنے خونی رشتوں سے دُور ہیں اور کسی دوسرے ملک میں اکیلے محسوس کر رہے ہیں، تو آپ اس فیملی کا حصہ بن سکتے ہیں۔ یہ ایک ایسی فیملی ہوتی ہے جہاں آپ دل کی بات کر سکتے ہیں اور کوئی آپ کو جج نہیں کرتا۔ یہاں آپ اپنے عقائد اور زندگی گزارنے کے طریقے کے مطابق آزادی سے زندگی گزار سکتے ہیں۔

میں سمجھتا ہوں کہ انسانی تعلقات میں اپنی مرضی کی فیملی بنانا ایک بہترین آپشن ہے۔ اگر آپ اپنے خاندان کے ساتھ اپنے خیالات شیئر کرنے میں دقت محسوس کرتے ہیں، تو آپ ''فیملی آف دی ہارٹ'' کی طرح اپنی مرضی کی ایک فیملی بنا سکتے ہیں۔

میرے ایک دوست بلند اقبال کے والد، حمایت علی شاعر، نہایت شفیق انسان تھے۔ میں ان کے پاس جایا کرتا تھا اور ان سے کہا کرتا تھا، ''مجھے آپ سے چچا عارف عبدالمتین کی خوشبو آتی ہے۔'' ان کی ترقی پسند سوچ اور شفیق لہجہ بالکل میرے چچا جان

جیسا تھا، جو لاہور میں رہتے تھے اور وہیں وفات پا گئے۔

میں اس تصور کو بہت پروموٹ کرتا ہوں کہ ہمیں اپنی ایک فیملی بنانی چاہیے، اپنے دوستوں کی فیملی، جہاں ہم بلا جھجک اپنے خیالات کا اظہار کر سکیں اور اپنی مرضی کی زندگی گزار سکیں۔

یہ فیملی بنانے کا مطلب یہ ہرگز نہیں ہے کہ آپ کے مسائل ختم ہو جائیں گے، بلکہ اس کا مطلب یہ ہے کہ آپ اپنے مسائل کا کھل کر اظہار کر سکیں گے، اور یہ خوف نہیں ہوگا کہ کوئی آپ کو جج کرے گا۔

عنبرین:

آپ کے اس جواب سے دو سبق نکلتے ہیں۔ ایک تو یہ کہ اگر ماں ڈپریس ہو تو اس کی ریڈی ایشن بچے کی طرف منتقل ہوتی ہے، اور یہ ظاہر کرتا ہے کہ اگر گھر کی عورت خوش نہ ہو، خاص طور پر اگر وہ ماں بننے کے مراحل میں ہو یا بچے کو دودھ پلا رہی ہو، تو اس کا اثر بچے پر بھی پڑتا ہے۔ یہ ہمارے لیے سمجھنا بہت ضروری ہے۔

ڈاکٹر خالد سہیل:

جب میں لیبر روم کر رہا تھا تو میری پروفیسر ڈاکٹر شمیم مجید بہت مہربان اور شفیق تھیں۔ میں اُنہیں کہتا تھا کہ مجھے سائیکالوجی کا شوق ہے تو جب ان کے پاس ایسی مریضائیں آتیں جو حمل یا ڈیلوری کی وجہ سے کسی نفسیاتی مسئلے کا شکار ہوتی تھیں، تو وہ مجھے کہتی تھیں کہ اس کمرے میں جاؤ، وہاں پر خاتون کو تمہاری مدد کی ضرورت ہے۔ تو وہاں مجھے پہلی بار پوسٹ پارٹم ڈپریشن کے بارے میں معلوم ہوا۔

میں نے دیکھا کہ ایک ماں، جو طبعی طور پر اپنے بچے سے پیار کرتی ہے کیونکہ وہ اس کے خون کا حصہ ہے، لیکن نفسیاتی طور پر وہ شدید ڈپریشن کا شکار ہے۔ میں نے ایسی

عورتیں دیکھیں جو مجھ سے کہتی تھیں کہ ''ڈاکٹر صاحب! مجھے سمجھ نہیں آ تا اور میں کنٹرول
سے باہر ہوجاتی ہوں۔'' وہ یہ بھی کہتی تھیں کہ ''میں چاہتی ہوں کہ میرے گھر سے ہر قسم کی
چھریاں، چاقو، یا تیز دھار والے دوسرے اوزار ہٹا دیے جائیں، کیونکہ مجھے ڈر ہے کہ
میں ڈپریشن میں کہیں خود کو یا اپنے بچے کو نقصان نہ پہنچا دوں۔''

یہ اس بات کی وضاحت کرتا ہے کہ ہمیں یہ سمجھنا ہوگا کہ یہ مسئلہ اس بات کی
نشاندہی نہیں کرتا کہ وہ ماں اچھی نہیں ہے یا اپنے بچے سے محبت نہیں کرتی۔ بلکہ یہ ایک
ایسی حالت ہے جس میں وہ شدید نفسیاتی دباؤ کا سامنا کر رہی ہے اور اسے حساسیت،
توجہ، اور مدد کی ضرورت ہے۔

عنبرین:

جی، بہت شکریہ۔ آپ نے بالکل درست بات کہی۔ اگر عورت حمل کے
دوران یا بچے کی پرورش کے دوران تشدد برداشت کرتی ہے تو اس کا اثر اس کی نفسیاتی
حالت پر پڑتا ہے، اور یہ حالت بچے کے ساتھ اس کے تعلق پر بھی اثر ڈالتی ہے۔
ہمارے پاس ایک کیس آیا تھا، جس میں عورت کے شوہر نے اس کے جسم پر جگہ جگہ جلتے
سگریٹ سے نشان بنائے تھے۔ وہ عورت اپنے بچے کو اپنا ہی نہیں سمجھتی تھی۔ وہ کہتی تھی،
'' یہ بھی اسی کا بچہ ہے، یہ بھی اسی جیسا ہی ہوگا، میرا اس سے کوئی تعلق نہیں۔''

اس ساری صورتحال میں آپ کی گرین زون فلاسفی کے بارے میں جاننا بہت
ضروری ہو جاتا ہے، جس کے بارے میں مَیں نے بھی بہت کچھ پڑھا ہے اور یہاں ہال
میں بیٹھے لوگوں میں سے بھی بہت سے لوگ اس سے واقف ہوں گے۔ آپ ہمیں بتائیے
کہ گرین زون فلاسفی کیا ہے اور یہ انسانی رشتے اور تعلقات کو مضبوط بنانے میں کیا کردار
ادا کرتی ہے؟

ڈاکٹر خالد سہیل:

گرین زون فلاسفی بہت ہی قدرتی اور آرگینک طریقے سے وجود میں آئی۔ اس کا پس منظر یہ ہے کہ جب میں میڈیسن پڑھ رہا تھا اور پھر سائیکاٹری پڑھی، تو مجھے یہ محسوس ہوا کہ سائیکاٹری کا فوکس زیادہ تر بیماریوں پر ہے۔ طب بھی بیماریوں کے گرد گھومتی ہے۔ آپ بیماری کی تشخیص کرتے ہیں، اس کے لیے دوائی یا علاج تجویز کرتے ہیں، اور یوں بیماری کا علاج کیا جاتا ہے۔

مجھے یہ خیال آیا کہ جس طرح ہم ذیابیطس کے مریضوں کو سمجھاتے ہیں کہ کاربوہائیڈریٹس ان کی بیماری میں کیا کردار ادا کرتے ہیں، اور انہیں یہ سکھاتے ہیں کہ مناسب خوراک، پانی، اور ورزش کے ذریعے بلڈ شوگر کو کنٹرول میں رکھا جا سکتا ہے تاکہ انسولین کی ضرورت نہ پڑے، کیا ویسا ہی ماڈل نفسیاتی مریضوں کے لیے نہیں بنایا جا سکتا؟ مریضوں کو یہ سمجھایا جائے کہ یہ ان کا مسئلہ ہے، اور وہ اس مسئلے کو سمجھ کر اس پر قابو پا سکتے ہیں۔

روایتی سائیکاٹری میں شاک ٹریٹمنٹ اور دوائیوں کا استعمال بہت عام ہے۔ میں سمجھتا ہوں کہ یہ علاج آخری قدم کے طور پر ہونا چاہیے، نہ کہ پہلا۔ ایسا نہیں ہونا چاہیے کہ مریض آئے، آپ سے دس منٹ بات کرے، اور آپ اسے فوراً ایک نسخہ لکھ کر دے دیں۔ نسخے کا استعمال بہت محدود ہونا چاہیے۔

دوسرا مسئلہ زبان کا تھا۔ نفسیاتی بیماریوں پر لکھی گئی زیادہ تر کتابیں ایسی زبان میں ہیں جو عام لوگوں کے لیے مشکل ہوتی ہیں۔ ایسا لگتا ہے جیسے ایک سائیکاٹرسٹ دوسرے سائیکاٹرسٹ سے بات کر رہا ہو۔ خاص طور پر سائیکو انالیسز کی زبان بہت پیچیدہ ہے، اور اس کا اردو ترجمہ تو اور بھی مشکل بن جاتا ہے۔ جنہوں نے نفسیات اردو میں پڑھی ہے، وہ جانتے ہیں کہ یہ کتنا مشکل ہو سکتا ہے۔ اس ساری صورتحال نے مجھے یہ

احساس دلایا کہ یہ معاملہ ٹھیک نہیں ہے۔

میری خواہش تھی کہ ایک ایسا ماڈل بنایا جائے جو عام فہم ہو، لوگوں کی سمجھ میں آئے، اور لوگ خود کو ان مسائل پر اپروجیکٹ کر سکیں اور اپنی مدد خود کر سکیں۔ میں تقریباً 20 سال سے اس تصور پر غور کر رہا تھا، لیکن سوال یہ تھا کہ اسے کیسے عملی جامہ پہنایا جائے۔ اتفاق سے میرے پاس ایک شادی شدہ جوڑے کا کیس آیا، جو گھریلو تشدد کا شکار تھا۔ شوہر ہر ہفتے یا دس دن بعد اپنی بیوی کی تذلیل کرتا، اس پر نفسیاتی دباؤ ڈالتا اور یہ سلسلہ کافی عرصے سے چل رہا تھا۔ ان کا ایک بچہ تھا، جو جب 10 یا 11 سال کا ہوا، تو بیوی نے شوہر سے کہا، ''اب یہ سب نہیں چلے گا، کیونکہ ہمارا بیٹا بڑا ہو رہا ہے اور وہ یہ سب دیکھ رہا ہے۔ اگر یہ سلسلہ جاری رہا تو کل کو یہ بھی اپنی بیوی کے ساتھ ایسا ہی سلوک کرے گا۔''

ہمارے ایک دوست سعید انجم پاکستانی مردوں کو کہا کرتے تھے، ''اگر تم چاہتے ہو کہ تمہارا بیٹا شہزادہ بنے، تو اس کی ماں کے ساتھ ملکہ جیسا سلوک کرو۔ اگر تم اس کے ساتھ کنیز جیسا سلوک کرو گے، تو کنیز کا بیٹا شہزادہ نہیں بنے گا۔'' اس عورت نے اپنے شوہر سے کہا، ''یا تو تم اپنا علاج کراؤ اور اپنے غصے کو قابو میں رکھو، یا پھر میں تمہیں چھوڑ کر جا رہی ہوں۔''

تو وہ فیملی ڈاکٹر کے پاس گئے اور وہاں سے وہ میرے پاس ریفر ہوئے۔ جب میں نے اس شوہر اور باپ سے بات کی تو مجھے محسوس ہوا کہ وہ اپنی حالت بہتر کرنا چاہتا ہے۔ میں نے اس سے پوچھا کہ وہ اپنی بیوی کے ساتھ ایسا سلوک کیوں کرتا ہے؟ اس نے جواب دیا کہ 'ڈاکٹر صاحب! میرے والد صاحب اپنی بیوی کی صرف تحقیر ہی نہیں کرتے تھے بلکہ انہیں تھپڑ بھی مار دیتے تھے۔' اسے یہ فخر تھا کہ اس نے کبھی اپنی بیوی کو تھپڑ نہیں مارا۔

میں نے اسے سمجھایا کہ جسمانی تشدد یقیناً بہت بُرا ہے، لیکن نفسیاتی تشدد جو تم

اپنی بیوی پر کر رہے ہو اور اس کے دل پر جو زخم لگا رہے ہو، وہ بھی انتہائی نقصان دہ ہیں۔ وہ کہنے لگا کہ 'میں مدد چاہتا ہوں، کیونکہ میں اپنی بیوی کو نہیں چھوڑ سکتا۔'

چند سیشنز کے بعد مجھے محسوس ہوا کہ میرے اور اس کے درمیان ایک کنکشن بن گیا ہے۔ میں سمجھتا ہوں کہ یہ کنکشن بہت ضروری ہے۔ چاہے آپ کتنے ہی بڑے سائیکالوجسٹ یا سائیکاٹرسٹ ہوں، اگر آپ کا مریض کے ساتھ کنکشن نہ بنے تو علاج کا کوئی فائدہ نہیں ہوتا۔ جب میں نے محسوس کیا کہ کنکشن بن چکا ہے تو میں نے اس سے پوچھا: ''جب تم غصے میں آتے ہو تو تم آؤٹ آف کنٹرول ہو جاتے ہو؟'' اس نے کہا، ''ہاں۔''

میں نے اس سے مزید پوچھا: ''جب تم گاڑی ڈرائیو کر رہے ہوتے ہو اور سگنل پر پیلی بتی جل جائے تو تم کیا کرتے ہو؟'' اس نے کہا: ''میں ایکسلیٹر پر پاؤں رکھتا ہوں اور اسپیڈ بڑھا دیتا ہوں۔'' میں نے پوچھا: ''کیوں؟'' اس نے جواب دیا: ''کیونکہ میں ہمیشہ جلدی میں ہوتا ہوں۔ جاب پر جانے کی جلدی، بچے کو بے بی سٹر سے پک کرنے کی جلدی، گھر آنے کی جلدی میں ہمیشہ جلدی میں ہوتا ہوں، اس لیے پیلی بتی دیکھ کر اسپیڈ بڑھا دیتا ہوں۔''

میں نے اسے کہا: ''ایک عقلمند انسان ایسی صورتحال میں بریک پر پاؤں رکھتا ہے، ایکسلیٹر پر نہیں۔ تو جب تم غصے میں آتے ہو، تو تم پیلے زون میں ہوتے ہو۔ اس وقت تمہیں چاہیے کہ تم کمرے سے باہر نکل جاؤ اور انتظار کرو جب تک تم دوبارہ گرین زون میں نہ آ جاؤ، اور پھر اپنی بیوی سے بات کرو۔''

یہ سب میں نے کسی منصوبہ بندی کے تحت نہیں کہا، بلکہ گفتگو کے دوران ایک عام مثال دی۔ چونکہ میں لکھاری ہوں، اس لیے اس طرح کی استعارے استعمال کرتا رہتا ہوں۔ اس کا اثر حیرت انگیز تھا۔ جب بھی اسے غصہ آتا، وہ واقعی کمرے سے باہر نکل جاتا اور بات نہیں کرتا تھا۔

دو تین ہفتے بعد اس کی بیوی نے مجھ سے کہا: ''آپ نے اس کے ساتھ ایسا کیا کیا ہے؟ یہ تو واقعی بہت کوشش کر رہا ہے اور بہتر ہو رہا ہے۔'' وہ پُرامید نظر آ رہی تھی۔ میں نے سوچا کہ شاید یہ صرف اس مریض کے ساتھ ایک منفرد تجربہ ہے۔

میں نے یہ تجربہ دوسرے جوڑوں کے ساتھ بھی کیا اور مجھے مثبت نتائج ملے۔ آہستہ آہستہ یہ کانسیپٹ نکھرتا گیا۔ میں نے اسے یاد رکھنے اور نوجوانوں کی تربیت کے لیے تین اسٹیپس میں تقسیم کیا۔

پہلا اسٹیپ اپنے ایموشنل زون کی پہچان کرنا ہے۔ اگر انسان ریلیکس ہے، پُرسکون ہے، اور انجوائے کر رہا ہے تو وہ گرین زون میں ہے۔ اگر وہ اپ سیٹ، اُداس یا بے چین ہے تو وہ پیلے زون میں ہے، اور اگر وہ بالکل آؤٹ آف کنٹرول ہے تو وہ ریڈ زون میں ہے۔

ہم مریضوں کو کہتے ہیں کہ وہ ایک ''گرین زون ڈائری'' بنائیں اور ہر رات سونے سے پہلے یہ لکھیں کہ وہ کتنے گھنٹے گرین زون میں رہے، کتنے گھنٹے پیلے زون میں، اور کتنے گھنٹے ریڈ زون میں۔ ایک مہینے تک اس ڈائری کو لکھنے سے ایک پیٹرن سامنے آتا ہے۔ پھر ہم ان سے کہتے ہیں کہ وہ اپنے ٹریگرز کی شناخت کریں......یعنی وہ کون سی چیزیں ہیں جو انہیں گرین زون سے پیلے یا ریڈ زون میں لے جاتی ہیں۔

اس طرح نہ صرف وہ اپنے ایموشنل زون کی پہچان کرتے ہیں، بلکہ انہیں ان عوامل کا بھی پتہ چلتا ہے جو انہیں پیلے یا ریڈ زون میں دھکیلتے ہیں۔ یہ عمل ان کی خود آگاہی کو بڑھاتا ہے اور انہیں اپنی حالت بہتر بنانے میں مدد دیتا ہے۔

پھر ہم انہیں تین اہم مراحل پر لے آتے ہیں۔ پہلا مرحلہ یہ ہے کہ وہ اپنے ایموشنل زون اور ٹریگرز کی شناخت کریں۔ دوسرا مرحلہ یہ ہے کہ وہ ان طریقوں کی تلاش کریں جن کے ذریعے وہ دوبارہ گرین زون میں داخل ہو سکیں۔ اس میں کئی طریقے ہو

سکتے ہیں، جیسے کسی دوست سے بات کرنا، واک کے لیے جانا، کتاب پڑھنا، یا موسیقی سننا۔

اب جب آپ کو پتہ چل گیا ہے کہ کون سی چیز آپ کو بار بار ریڈ زون میں لے جاتی ہے اور اس سے باہر نکلنے کے لیے آپ کو کیا کرنا ہے، تو تیسرا مرحلہ اس عمل کو جاری رکھنے کا ہے۔ یعنی جب بھی کوئی ٹریگر آپ کو ریڈ زون میں لے جائے، آپ کو وہی کرنا چاہیے جو آپ کو اس زون سے باہر نکال سکے۔

میں لوگوں کو اپنی مثال دیتا ہوں۔ میں ٹورنٹو میں رہتا ہوں اور ہائی وے پر اکثر ٹریفک میں پھنس جاتا ہوں، جس کی وجہ سے میں پیلے یا ریڈ زون میں چلا جاتا ہوں، خاص طور پر جب مجھے کسی جگہ وقت پر پہنچنا ہو۔ میں نے سوچا، میں سب کو گرین زون فلاسفی سکھاتا ہوں تو کیوں نہ اسے اپنے اوپر بھی لاگو کروں۔ اس وقت میرے پاس موبائل فون نہیں تھا، میں نے ایک موبائل فون خریدا اور اس میں اپنے پسندیدہ گانے محفوظ کیے۔ اب میں یہ کرتا ہوں کہ نکلنے سے پہلے جہاں پہنچنا ہوتا ہے، وہاں فون کر کے بتا دیتا ہوں کہ اگر ٹریفک نارمل رہی تو اتنی دیر میں پہنچوں گا۔ اس سے سامنے والے کو اندازہ ہو جاتا ہے اور میں راستے میں اپنے پسندیدہ گانے سنتا ہوں اور خود کو گرین زون میں رکھتا ہوں۔ یہ تین مراحل کا تصور ہے۔

جہاں تک رشتوں کی بات ہے، تو جب رشتوں میں کوئی اختلاف ہو، تو اُسے ڈیل کرنے کے تین طریقے ہیں: ریزالو کرنا، ڈیزالو کرنا، اور میڈیئیٹ کرنا۔ اگر مسئلہ آپ دونوں کے درمیان ہے اور آپ دونوں اسے باہمی احترام کے ساتھ حل کرنے پر تیار ہیں، تو آپ اسے ریزالو کرتے ہیں۔

اگر دوسرا فریق قائل نہیں ہے اور کہتا ہے کہ یہ آپ کا مسئلہ ہے اور آپ نرگسیت کا شکار ہیں، تو آپ اس مسئلے کو ڈیزالو کرتے ہیں۔ اس کا مطلب یہ نہیں کہ آپ

اس سے قطع تعلق کرلیں، بلکہ رابطے کو کم کر دیتے ہیں۔ مثال کے طور پر، اگر آپ پہلے اس کے ساتھ چار گھنٹے گزارتے تھے تو اب دو گھنٹے گزاریں۔

تیسرا طریقہ میڈییٹ کرنے کا ہے۔ اس میں آپ کہتے ہیں کہ ہم دونوں کے درمیان یہ مسئلہ ہے اور ہم اسے حل نہیں کر پا رہے، اس لیے ہمیں کسی تیسرے کو شامل کرنا چاہیے۔ یہ تیسرا شخص آپ کا مشترکہ دوست، گھر کا کوئی بڑا، یا کوئی تھیراپسٹ ہوسکتا ہے، لیکن یہ ضروری ہے کہ وہ شخص ایسا ہو جس پر آپ دونوں کو اعتماد ہو۔

چونکہ آپ گھریلو مسائل پر کام کرتی ہیں، تو میں آپ کو بتاتا ہوں کہ اکثر ایسا ہوتا ہے کہ جب کوئی میاں بیوی میرے پاس آتے ہیں تو عورت کہتی ہے، ''آپ تو میرا مسئلہ سمجھ نہیں سکتے کیونکہ آپ مرد ہیں۔'' ایسی صورت میں میری نرس بے ٹی ڈیوس میری مدد کرتی ہے۔

میں انہیں یہ وضاحت دیتا ہوں کہ میڈیٹر ایک ہی شخص ہونے کی ضرورت نہیں، بلکہ یہ دو افراد بھی ہوسکتے ہیں۔ ہم ان سے کہتے ہیں کہ آپ اپنا ایک میڈیٹر منتخب کریں، اور دوسرا میڈیٹر ہم ہوں گے۔ جیسے وکیل ہوتے ہیں، ایک آپ کا وکیل ہوگا اور دوسرا ان کا وکیل ہوگا۔ پھر ہم دونوں مل کر ایک ٹیم بناتے ہیں اور کوشش کرتے ہیں کہ شوہر اور بیوی، یا بہنوں کے درمیان تنازعات کو حل کیا جاسکے۔ یہ میڈیٹ کا بنیادی تصور ہے۔

رشتوں کی بات کرتے ہوئے، ہم یہ بھی کہتے ہیں کہ زندگی کے تین اہم سسٹمز ہیں: ایک فیملی سسٹم، ایک ورک سسٹم، اور ایک کمیونٹی سسٹم۔ جیسے افراد گرین، یلو، اور ریڈ زون میں ہوسکتے ہیں، اسی طرح رشتے اور سسٹمز بھی ان زونز میں آسکتے ہیں۔ اگر آپ کا سسٹم ریڈ زون میں ہے، تو چاہے آپ کتنی بھی کوشش کریں، معاملات ٹھیک نہیں ہوں گے۔ مثال کے طور پر، جب ویسٹ میں فیملی کے لوگ کرسمس یا ایسٹر پر اکٹھے ہوتے ہیں،

یا کسی برتھ ڈے پارٹی یا ویڈنگ اینیورسری پر سب جمع ہوتے ہیں، تو پرانے تنازعات سامنے آ سکتے ہیں۔

یہاں بھی یہی صورتحال ہو سکتی ہے۔ آپ 50 لوگوں کو بلا لیتے ہیں اور سب خوش رہنا چاہتے ہیں، لیکن آپ کے دو کزنز کے درمیان پرانا جھگڑا ہو تو وہ ماحول خراب کر سکتا ہے۔ میں لوگوں کو یہ مشورہ دیتا ہوں کہ آپ شعوری طور پر فیصلہ کریں کہ کن لوگوں کو ایک ساتھ بلانا ہے۔ ضروری نہیں کہ سب کو ایک ہی وقت پر بلایا جائے۔ آپ چار لوگوں کو ایک دن بلائیں اور پانچ کو کسی دوسرے دن۔ اس طرح آپ ایک پُرامن ماحول پیدا کر سکتے ہیں۔

رشتوں کو بہتر کرنے کا ایک اور اہم طریقہ خط لکھنا ہے۔ جو لوگ آپ کی زندگی میں مثبت کردار ادا کر چکے ہیں، ان کو شکریہ کے خط لکھیں۔ اگر کوئی مسئلہ ہو، تو اسے بھی خط کے ذریعے بات چیت کریں۔ خط لکھنے کا فائدہ یہ ہے کہ آپ اسے بار بار پڑھ سکتے ہیں اور اپنی بات کو بہتر انداز میں پیش کر سکتے ہیں۔ پہلا خط جو آپ لکھتے ہیں، وہ اپنے لیے ہوتا ہے۔ اس میں آپ اپنے جذبات، غصے، یا تلخی کا اظہار کر سکتے ہیں۔ یہ خط بھیجنے کے لیے نہیں بلکہ آپ کے لیے ہوتا ہے۔ پھر کچھ دن بعد اس خط کو دوبارہ پڑھیں اور ایک نیا خط لکھیں جو محبت اور دوستی کا اظہار کرے۔

جب میں نے تھیراپی میں خط لکھنے کا طریقہ اپنایا تو مجھے بہت مثبت نتائج دیکھنے کو ملے۔ میرے مریض میرے لیے خط لکھ کر لاتے ہیں اور میں ان کے جوابات دیتا ہوں۔ یہ تحریری تبادلہ بہت مؤثر ثابت ہوتا ہے۔ میں خط لکھنے کو تھیراپی میں استعمال کرنے کا قائل ہوں کیونکہ اس کے ذریعے مسائل کے حل میں بہت مدد ملتی ہے۔

میں نے اپنی کتاب ''آرٹ آف لونگ ان یور گرین زون'' اور دیگر کتب میں وہ خطوط شامل کیے ہیں جو میرے مریضوں نے مجھے لکھے اور جو میں نے انہیں لکھے۔

یہ تحریری تبادلہ ذہنی صحت کی بہتری کے لیے انتہائی اہم ہے اور وربل تھراپی کو مزید موثر بناتا ہے۔ جب مریض کسی مسئلے پر گھر جا کر غور کرتا ہے اور پھر اس پر لکھتا ہے، تو اس کے خیالات زیادہ واضح ہو جاتے ہیں۔ یہ تحریری عمل انہیں خود سے جڑنے اور اپنے مسائل کو بہتر سمجھنے میں مدد دیتا ہے۔

اسی طرح، ہم بات کرتے ہیں کہ کیسے فیملی، ورک پلیس، اور کمیونٹی کے مسائل کو گرین زون میں لایا جا سکتا ہے۔ میں لوگوں کو مشورہ دیتا ہوں کہ وہ اپنی زندگی کے گرین زون کو پہچانیں اور ان کا احترام کریں۔ اپنے ان دوستوں، رشتہ داروں، یا کولیگز کا شکریہ ادا کریں جنہوں نے آپ کی زندگی کو بہتر بنایا ہے۔ آپ ان کے ساتھ تعلقات کو مزید مضبوط کر سکتے ہیں۔

جو لوگ یلو زون میں ہیں، ان کے ساتھ مسئلے کو حل کرنے کی کوشش کریں۔ ان سے بات کریں اور ان کے ساتھ اپنے تعلق کو بہتر بنائیں۔ لیکن جو لوگ ریڈ زون میں ہیں، ان کے ساتھ وقت گزارنے سے گریز کریں کیونکہ وہ آپ کی زندگی میں منفی اثر ڈال سکتے ہیں۔

یہ تمام عمل ہمیں یہ سکھاتا ہے کہ ہم اپنی زندگی کے اہم لوگوں کو کیسے اہمیت دیں اور اپنے تعلقات کو بہتر بنائیں۔ خط لکھنا، سوچ سمجھ کر فیصلے کرنا، اور مثبت تعلقات کی حوصلہ افزائی کرنا زندگی کو خوشگوار بنانے کے اہم اصول ہیں۔

عنبرین عجائب:

بہت شکریہ! آپ آخر میں جو لکھنے کی بات کر رہے تھے، خاص طور پر یلو زون والے خط کے بارے میں، کہ وہ خط بھیجنے کے لیے نہیں ہوتا، تو مجھے ایک واقعہ یاد آ رہا تھا۔ میرے بڑے بھائی نے مجھ سے زبردستی کپڑے استری کروائے تھے۔ جیسے بڑا

بھائی ہوتا ہے، تو اس نے مجھ سے زبردستی یہ کام کروایا، اور مجھے بہت غصہ آیا۔ میں نے اسی غصے میں اپنی ڈائری کھولی اور اس میں تقریباً پچاس صفحے یہی لکھا: ''آئی ہیٹ شعیب، آئی ہیٹ شعیب۔''

وہ ڈائری اب بھی ان کے پاس ہے، اور وہ ہر کسی کو دکھاتے ہیں کہ یہ دیکھو عنبرین نے میرے بارے میں کیا لکھا تھا۔ لیکن مجھے یاد ہے کہ جیسے ہی میں وہ سب لکھ چکی، کچھ ہی دیر بعد ہم دونوں اکٹھے بیٹھے تھے۔ یا تو ہم کیرم بورڈ کھیل رہے تھے یا کچھ کھا پی رہے تھے، اور وہ غصہ کہیں ختم ہو چکا تھا۔ یہی وہ تھیرپی کا اثر ہے۔ لکھنا انسان کے لیے ایک طرح سے تھیرپی کا کام کرتا ہے۔ جو پہلا ردعمل ہوتا ہے، وہ ایک قسم کی تھیرپی بن جاتا ہے اور انسان کے جذبات کو ہلکا کر دیتا ہے۔

میں بھی اپنی زندگی میں یہ چیز دیکھتی ہوں اور خاص طور پر ان خواتین کو یہ مشورہ دیتی ہوں جو میرے پاس آتی ہیں۔ اگر وہ پڑھی لکھی ہیں، تو میں انہیں ضرور لکھنے کا مشورہ دیتی ہوں۔

ڈاکٹر خالد سہیل:

میں سمجھتا ہوں کہ جو فرائڈ نے ہمیں سکھایا، وہ یہ ہے کہ آپ کے جو ناآسودہ جذبات ہیں، بجائے انہیں دبانے کے، انہیں ایکسپریس کرنا چاہیے۔ دیکھیں، بعض لوگ ڈپریشن کو کہتے ہیں کہ ''ڈپریشن از سپریسڈ ایکسپریشن۔'' ہم بچوں کو ان کے جذبات کے اظہار کا موقع نہیں دیتے، اور یہ ایک بڑی کمی ہے۔ بچوں کو اپنے جذبات کا اظہار کرنے کا موقع ملنا چاہیے۔

اب میں آپ کو ایک واقعہ سناتا ہوں۔ ایک بار ایک سردار جی انڈیا سے کینیڈا آئے۔ کچھ وقت یہاں گزارنے کے بعد وہ واپس جانے لگے۔ میں نے ان سے پوچھا،

''بلبیر سنگھ جی! آپ کا حال چال کیسا ہے؟'' تو انہوں نے جواب دیا، ''بڑا چنگا لگا، لیکن ایک چیز میں نے یہاں سیکھی۔'' پھر انہوں نے ایک واقعہ سنایا جو آج تک مجھے یاد ہے۔

انہوں نے بتایا کہ ایک دن وہ صبح دیر سے اُٹھے۔ جو نیوز پروگرام چھ بجے تھا، وہ چھ بج کر دو منٹ پر شروع ہوا۔ جب وہ ٹی وی کے سامنے پہنچے، ان کا چھوٹا پوتا کارٹون دیکھ رہا تھا۔ انہوں نے اس سے ریموٹ چھین لیا اور چینل بدل کر خبریں دیکھنے لگے۔ 10-15 منٹ کے بعد جب وہ خبریں دیکھ چکے تو ان کا پوتا، جو پانچ یا چھ سال کا تھا، ان کے سامنے آ کر کھڑا ہو گیا اور کہنے لگا، ''گرینڈ پا، یو ہرٹ مائی فیلنگز۔''

اب دیکھیں، یہ جملہ کتنا معصومانہ اور اثر انگیز ہے۔ بچے نے یہ نہیں کہا کہ ''آپ ظالم ہیں'' یا ''آپ جابر ہیں''، بلکہ اس نے اپنے جذبات کا سادہ الفاظ میں اظہار کیا۔ ہمارے معاشرے میں جذبات کو سپانٹینیسلی اور نیچرل انداز میں ظاہر کرنا بہت ضروری ہے۔

دریا جب تک بہتا رہتا ہے، صاف رہتا ہے۔ اگر آپ اس کا بہاؤ روک دیں تو وہ جوہڑ بن جاتا ہے۔ اسی طرح، انسان کے جذبات ہیں۔ جب تک وہ فطری طور پر بہتے رہیں، انسان ذہنی طور پر صحت مند رہتا ہے۔ اگر آپ اپنے جذبات کو روک دیں، تو وہ اندرونی دباؤ اور مسائل پیدا کرتے ہیں۔

اگر آپ اپنے جذبات کو معاشرتی وجوہات کی بنا پر کسی کے سامنے ظاہر نہیں کر سکتے، تو آپ انہیں ڈائری میں لکھ سکتے ہیں۔ یا زندگی میں کم از کم ایک ایسا دوست ہونا چاہیے جس کے ساتھ آپ دل کی بات کر سکیں۔ سب کو اپنی بات بتانے کی ضرورت نہیں، لیکن ایک دوست ضرور ہونا چاہیے۔ اگر ایک مصروف ہو تو چار پانچ ہونے چاہئیں۔ بہرحال، جذبات کا بہاؤ برقرار رکھنا بہت ضروری ہے۔

اسی طرح، سماج اور سیاست میں بھی بہاؤ ضروری ہے۔ چاہے وہ پاور ہو، دولت ہو، یا جذبات، جب تک چیزیں گردش میں رہیں، وہ صحت مند رہتی ہیں۔ مثال کے طور پر، ڈیموکریسی میں یہ اصول ہے کہ اقتدار زیادہ سے زیادہ آٹھ سال تک رہنا چاہیے، تاکہ طاقت مسلسل منتقل ہو اور ارتقا جاری رہے۔

اگر آپ کسی کے خیالات یا جذبات کو دبائیں، تو پہلے سپریشن ہوگی، پھر اپریشن، اور آخر کار ڈپریشن اور انزائٹی۔ یہی بات ہم جذباتی صحت میں دیکھتے ہیں۔ ہمارے گرین زون فلسفے کا مقصد یہی ہے کہ لوگ اپنے جذبات اور خیالات کو آزادانہ طور پر ظاہر کریں۔

میں آپ کو ایک دلچسپ واقعہ بتاتا ہوں۔ ہمارے ایک دوست ہیں، رشید ندیم، جو ایک اچھے شاعر ہیں۔ ان کا ایک شعر ہے

یہ شہر اگر ظرفِ کشادہ نہیں رکھتا
میں بھی یہاں رہنے کا ارادہ نہیں رکھتا

رشید ندیم نے اپنی گرین زون کتابوں کا فلسفہ اپنے بچوں کو سکھایا۔ ان کے دو بچے تھے، ایک پانچ سال کی بچی افروز اور ایک سات سال کا بیٹا امروز۔ ایک دن اُن کی بچی رو رہی تھی۔ رشید صاحب نے پوچھا: ''کیا ہوا؟'' تو وہ کہنے لگی: ''میرے بھائی نے میری گڑیا کی بازو مروڑ دی ہے، وہ ٹوٹ گئی ہے۔'' رشید صاحب نے کہا: ''میں کیا کر سکتا ہوں؟'' بچی نے جواب دیا: ''پاپا! میں ییلو زون میں ہوں اگر آپ وعدہ کریں کہ مجھے نئی گڑیا خرید دیں گے تو میں گرین زون میں چلی جاؤں گی۔''

یہ بات میرے لیے بہت اہم اور معصوم تھی، لیکن یہ ثابت کرتی ہے کہ گرین زون کا فلسفہ بچوں کو بھی سمجھ آ سکتا ہے اور ان کی زندگی کو بہتر بنا سکتا ہے۔

عنبرین عجائب:

جی، بہت پیاری بات! شکریہ ڈاکٹر صاحب۔ اس سے پہلے کہ ہم سوالات اور جوابات کا سلسلہ شروع کریں، آپ ہماری سامعین کو کوئی آخری مشورہ دینا چاہیں گے کہ کس طرح تعلقات کو صحت مند رکھا جا سکتا ہے؟ کوئی ایک یا دو تجاویز جو لوگ یاد رکھیں تا کہ وہ اپنے تعلقات کو زیادہ دیر تک سبز زون (گرین زون) میں رکھ سکیں۔

ڈاکٹر خالد سہیل:

دیکھیں جی، چونکہ میں ایک انسان دوست (ہیومنسٹ) ہوں اور جن فلسفیوں کی میں بہت عزت کرتا ہوں، ان میں سے ایک چینی فلسفی ہیں جنہیں ہم کنفیوشس کے نام سے جانتے ہیں۔ کنفیوشس کا ایک سنہری اصول ہے، جسے ''گولڈن رول'' کہتے ہیں۔ وہ یہ ہے کہ ''آپ دوسروں کے ساتھ وہی برتاؤ کریں جو آپ چاہتے ہیں کہ وہ آپ کے ساتھ کریں۔''

میری نظر میں، ایک کامیاب اور صحت مند انسان وہ ہے جس میں ہمدردی اور شفقت کا جذبہ موجود ہو۔ سوال یہ ہے کہ کیا میں ایک مرد ہوتے ہوئے کسی عورت کے مسائل کو، مثلاً اپنی بہن کے مسائل کو، پوری طرح سمجھ سکتا ہوں؟ یا ایک پاکستانی ہوتے ہوئے، کسی ہندوستانی کی بات کو، اس کے مذہب یا ثقافت کی پرواکیے بغیر، قبول کر سکتا ہوں؟

اسی طرح، اگر آج کے دن ایک اسرائیلی کسی فلسطینی کے ساتھ ہمدردی کرے اور یہ سمجھے کہ وہ بھی انسان ہے اور میں بھی، تو بہت سی جنگیں اور مسائل ختم ہو سکتے ہیں۔ میرے نزدیک، سیاسی، سماجی اور نفسیاتی طور پر یہ صلاحیت پیدا کرنا کہ آپ دوسرے انسان کے نقطہ نظر کو سمجھ سکیں، بہت اہم ہے۔

ہمیں یہ صلاحیت پیدا کرنی ہوگی کہ ہم دوسروں کے خیالات اور جذبات کو

سمجھیں اور انہیں قبول کریں۔ میری نانی کہا کرتی تھیں کہ ایک اور ایک دو نہیں ہوتے، بلکہ ایک اور ایک گیارہ ہوتے ہیں۔ جب ہم مل کر کام کرتے ہیں تو ہماری صلاحیت کئی گنا بڑھ جاتی ہے۔

آپ نے مجھ سے مشورہ مانگا تھا۔ میرا مشورہ یہ ہے کہ ہم اپنی ہمدردی اور شفقت کو بڑھانے کی کوشش کریں۔ میں نے اپنے کلینک میں ہمیشہ گروپ تھراپی کو ترجیح دی ہے۔ ہم نے ہمیشہ کوشش کی کہ ایک سے زیادہ معالج ہوں، تاکہ مریض کو مختلف زاویوں سے مدد مل سکے۔

میرے نزدیک انسانیت کی بلوغت (ارتقا) یہ ہے کہ ہم اپنی ہمدردی کا دائرہ کتنے وسیع کر سکتے ہیں۔ کیا ہم صرف اپنے مذہب کے لوگوں کے ساتھ ہمدردی رکھ سکتے ہیں؟ کیا ہم اپنے ملک، اپنی قوم، یا اپنے خطے تک محدود ہیں؟ یا ہم اپنی ہمدردی کو پوری انسانیت تک پھیلا سکتے ہیں؟

یہ ایک آئیڈیل ہے، لیکن ہمیں اس کی کوشش کرتے رہنا چاہیے۔ میں نے آپ سے پہلے بھی ذکر کیا تھا کہ مہاتما گاندھی اور رابندرناتھ ٹیگور کے درمیان ایک دلچسپ مکالمہ ہوا تھا۔ گاندھی انقلاب (ریولوشن) کی بات کرتے تھے، جبکہ ٹیگور نے کہا کہ ہمیں ارتقا (ایوولوشن) کی طرف جانا چاہیے۔ انہوں نے کہا کہ ہم بچوں کو ایسی تربیت دیں کہ وہ مل جل کر رہ سکیں، ایک دوسرے کے مذاہب، ثقافتوں اور روایات کی عزت کریں۔

اگر ہم بچوں کو ایسی تربیت دیں تو وہ ایک دوسرے کے دوست بن سکتے ہیں اور مستقبل میں نفرت کی جگہ محبت پیدا ہو سکتی ہے۔ یہ عمل ذہنی، سماجی، اور سیاسی صحت کو بہتر بناتا ہے۔ سوال یہ ہے کہ ہم اپنے دل اور ذہن کو کتنے لوگوں کے لیے کھول سکتے ہیں؟

بہت بہت شکریہ!

حاضرین کے سوالات اور جوابات کا سیشن

آڈینس کا سوال: ڈاکٹر صاحب، میرا نام محبوب ظفر ہے۔ میں بھی ایک لکھاری ہوں، اور آج آپ کا لیکچر سن کر بے حد خوشی ہوئی۔ میں نے آپ کے بارے میں بہت پڑھا اور سنا ہے۔ آپ کے لیکچرز ہمیشہ وضاحت اور خوبصورتی کے ساتھ ہوتے ہیں۔ آج بھی آپ نے بہت عمدہ گفتگو کی، اور مجھے یقین ہے کہ یہاں موجود تمام لوگ آپ کے خیالات سے بہت کچھ سیکھ کر جائیں گے۔

میرا سوال یہ ہے کہ آپ کی کوئی ایسی کتاب ہے جو گرین زون فلسفے یا ذہنی صحت کے موضوع پر ہو، تاکہ ہم اسے پڑھ سکیں اور اس سے استفادہ حاصل کر سکیں؟

ڈاکٹر خالد سہیل:

بہت شکریہ محبوب صاحب، آپ کے خیالات سن کر خوشی ہوئی۔ جی ہاں، میرے گرین زون فلسفے پر کئی کتابیں موجود ہیں۔ پہلی کتاب ''لونگ ان یور گرین زون'' تھی، جسے میں نے 2002 میں لکھا۔ اس کے بعد

'لونگ ان یور گرین زون'

''ورکنگ ان یور گرین زون''

اور دیگر کتابیں آئیں۔ آخرکار، ہم نے

''گرین زون لونگ: سیون سٹیپس''

کے عنوان سے ایک سیریز تیار کی، جس میں ذہنی صحت اور پرسکون زندگی گزارنے کے سات مراحل پر بات کی گئی ہے۔

میں عام طور پر اپنی کتابیں فروخت کے لیے نہیں رکھتا، بلکہ تحفے کے طور پر فراہم کرتا ہوں۔ آپ میں سے کوئی بھی اگر دلچسپی رکھتا ہو تو میرا ای میل لے سکتا ہے۔ آپ مجھے ای میل کریں، اور میں اپنی سیکریٹری کو کہوں گا کہ وہ کتاب کی پی ڈی ایف فائل آپ کو بھیج دے۔ اگر آپ ایک کتاب سے آغاز کرنا چاہتے ہیں تو ''گرین زون لونگ: سیون سٹیپس'' پڑھنا بہترین ہوگا۔

عنبرین عجائب:

بہت شکریہ، ڈاکٹر صاحب۔ کوئی اور سوال؟

آڈیئنس کا سوال:

السلام علیکم! ابھی آپ نے ''ایمپتھی'' کی بات کی۔ میں ایجوکیشن کے شعبے میں ہوں۔ میں این سی اے میں فائن آرٹس پڑھاتی ہوں اور ماسٹرز کر رہی ہوں۔ میرا سوال یہ ہے کہ ایمپتھی کیسے پیدا کی جاسکتی ہے؟ خاص طور پر جب یہ بات آپ نے خود کہی کہ یہ بچپن سے پیدا کی جانی چاہیے۔ اب اگر کسی میں یہ خصوصیت موجود نہ ہو تو کیا یہ سکھائی جاسکتی ہے؟ ہم کورسز پر کام کر رہے ہیں، تاکہ لوگوں میں، خاص طور پر نارمل اور ڈس ایبلڈ افراد کے درمیان ایمپتھی پیدا کی جاسکے۔ آپ کا اس بارے میں کیا مشورہ ہوگا؟

ڈاکٹر خالد سہیل:

بہت اچھا سوال کیا آپ نے، اور یہ موضوع بہت اہم ہے۔ ایمپتھی کا تعلق انسان کی بنیادی تربیت اور نشوونما سے ہوتا ہے، اور واقعی، بچپن سے اسے پروان چڑھانا سب سے مؤثر طریقہ ہے۔ لیکن اگر کسی شخص میں یہ خصوصیت موجود نہیں ہے تو بھی اسے

سیکھا جا سکتا ہے۔

ایمپتھی سکھانے کے لیے سب سے پہلے یہ ضروری ہے کہ ہم خود ایک مثال بنیں۔ ہمارے رویّے، گفتگو، اور دوسروں کے جذبات کو سمجھنے کا طریقہ دوسروں کو متاثر کرتا ہے۔ اس کے علاوہ، تعلیمی پروگرامز اور ورکشاپس کے ذریعے ایمپتھی کو فروغ دیا جا سکتا ہے۔

خاص طور پر، کہانیوں کے ذریعے لوگوں کو دوسروں کے تجربات سمجھنے میں مدد دی جا سکتی ہے۔ کہانیاں انسانی جذبات کو چھُونے کا سب سے مؤثر ذریعہ ہیں۔ آپ جو کورسز تیار کر رہی ہیں، ان میں ایسی سرگرمیاں شامل کریں جہاں شرکاء کو مختلف کرداروں میں ڈال کر دوسروں کے جذبات کو محسوس کرنے کی مشق دی جائے۔

ڈس ایبلڈ افراد کے حوالے سے، یہ بہت اہم ہے کہ ہم ان کی زندگی کی مشکلات کو سمجھنے کے لیے ایسے تجرباتی مواقع فراہم کریں جہاں شرکاء ان کی جگہ خود کو رکھ کر دیکھ سکیں۔ یہ عمل نہ صرف ہمدردی پیدا کرے گا بلکہ سماجی رویوں میں تبدیلی بھی لائے گا۔

ایمپتھی اور ہمدردی سکھانے کے لیے میں آپ کو اپنی زندگی سے ایک مثال دوں گا۔

میری ایک چھوٹی بہن ہے، عنبرین کوثر، جو مجھ سے پانچ سال چھوٹی ہیں۔ میں کوئی نو یا دس سال کا تھا اور وہ چار یا پانچ سال کی تھیں۔ ایک دن میں انہیں کھیل کے دوران گھما رہا تھا، لیکن بدقسمتی سے وہ میرے ہاتھوں سے چھوٹ کر گر گئیں اور انہیں چوٹ لگ گئی۔ شام کو جب ہم سب کھانے کی میز پر بیٹھے، تو عنبرین نے والد صاحب سے شکایت کی کہ "ابو جان! سہیل بھائی نے مجھے گرایا اور مجھے چوٹ آئی۔"

والد صاحب نے فوراً کھانا روک دیا اور مجھے کہا، ''سہیل! آپ اپنی بہن سے معافی مانگیں۔'' اس وقت میرے لیے یہ بہت مشکل تھا۔ شاید اس وقت میری انا (ایگو) آڑے آ رہی تھی۔ لیکن والد صاحب نے کہا: ''جب تک آپ معافی نہیں مانگیں گے، کھانا آگے نہیں بڑھے گا۔'' آخرکار، میں نے ہچکچاتے ہوئے معافی مانگی اور کہا: ''عنبرین، آپ مجھے معاف کر دیں۔''

لیکن والد صاحب نے اس بات پر اکتفا نہیں کیا۔ انہوں نے عنبرین سے پوچھا: ''بیٹا! کیا آپ نے اپنے بھائی کو معاف کیا؟'' اور جب عنبرین نے کہا ''ہاں'' تو وہ ''ہاں'' آج تک میرے ذہن میں گونجتی ہے۔ اس ایک لفظ نے نہ صرف عنبرین کو ایک لڑکی کے طور پر امپاور کیا بلکہ مجھے یہ سکھایا کہ اپنی بہن یا کسی بھی لڑکی کی عزت اور احترام کس طرح کرنا ہے۔

میرے والد ہمیشہ عمل کے ذریعے سکھاتے تھے، وہ کہا کرتے تھے، ''جب تم گھر آؤ، تو اپنی ماں کے لیے کوئی تحفہ لاؤ۔'' میں نے پوچھا، ''کیا تحفہ؟'' انہوں نے جواب دیا، ''کوئی کہانی، کوئی شعر، کوئی لطیفہ۔'' یہ ان کے انداز تھے ہمیں ہمدردی اور احترام سکھانے کے۔

میں سمجھتا ہوں کہ بنیادی بات یہ ہے، اور اگرچہ بات تھوڑی لمبی ہو رہی ہے، لیکن میں آپ کو ایک اور واقعہ بتانا چاہتا ہوں جو میرے فیلوشپ امتحان کے دوران پیش آیا۔

میرا فائنل امتحان سائیکاٹری کا تھا، جو میڈیکل کے دیگر امتحانات سے مختلف ہوتا ہے۔ ہمیں ایک مریض دیا جاتا ہے اور جیسے ایک ''ون وے مرر'' کے پیچھے سے دو ایگزیمینرز دیکھ رہے ہوتے ہیں۔ ہمیں ایک گھنٹہ دیا جاتا ہے کہ ہم مریض کا انٹرویو

کریں، اس کے بعد 10 منٹ میں اپنے خیالات پیش کریں، اور پھر ایگزیمینرز اندر آ کر ہمارا انٹرویو لیتے ہیں اور فیصلہ کرتے ہیں کہ ہم پاس ہیں یا فیل۔

میرے امتحان کا وقت صبح 9 بجے تھا۔ اس دن مجھے ایک ان پیشنٹ مریض دیا گیا جو پچھلی رات ہی ہسپتال میں داخل ہوا تھا۔ میں نے اس سے تعارف کروایا کہ میں ڈاکٹر سہیل ہوں، اور یہ میرا فیلوشپ کا امتحان ہے۔ میں نے اسے بتایا کہ یہ امتحان میرے لیے بہت اہم ہے کیونکہ اس پر میرا سائیکائٹرسٹ بننا منحصر ہے۔

مریض نے بات تو سمجھ لی، لیکن وہ اتنا بے چین تھا کہ زیادہ دیر بیٹھ نہیں سکا۔ وہ 10 سے 15 منٹ بعد چہل قدمی کرنے لگا۔ میں نے اسے کہا کہ آپ بیٹھ جائیں تاکہ ہم گفتگو کر سکیں، لیکن وہ صرف پانچ منٹ کے لیے اور بیٹھا۔

اس وقت میں ایک اہم سوال کے سامنے کھڑا تھا کہ میرے لیے زیادہ ضروری کیا ہے؟ میری فیلوشپ یا مریض کی کیفیت؟ میں نے فیصلہ کیا کہ مریض کی حالت زیادہ اہم ہے۔ میں نے یہ جانتے ہوئے کہ یہ فیصلہ مجھے فیل کروا سکتا ہے، اسے جانے دیا اور جی ہاں، میں فیل ہو گیا۔ لیکن آج تک میرا ضمیر مطمئن ہے کیونکہ میں نے مریض کے حق میں صحیح فیصلہ کیا۔

یہی ہمدردی اور ایمپتھی ہے۔ ہمیں دوسروں کے مسائل کو ان کی نظر سے دیکھنے کی صلاحیت پیدا کرنی چاہیے، چاہے اس کے لیے ہمیں اپنے مفادات کو پیچھے رکھنا پڑے۔

یاد رکھیں، چاہے آپ ماں ہوں، خالہ ہوں، پھوپھی ہوں، یا ٹیچر ہوں، لیکچرز دینے سے کچھ حاصل نہیں ہوتا۔ بچوں کو عمل سے سکھانا پڑتا ہے۔ مثال کے طور پر، ہم بچوں سے کہتے ہیں کہ سگریٹ نہ پیو، لیکن خود سگریٹ پیتے ہیں۔ ایسے رویے تضادات

پیدا کرتے ہیں۔

میرا ماننا ہے کہ دنیا کو بدلنے کا میرا مقصد نہیں ہے۔ میرا مقصد یہ ہے کہ میرے ارد گرد 8 سے 10 مہربان، پیارے اور مخلص لوگ ہوں جو میری زندگی کو بہتر بنا سکیں۔ یہی میری کامیابی ہے۔ شکریہ۔

آڈیئنس کا سوال

میرا نام طارق سیال ہے، میں ایک صحافی ہوں اور قائداعظم یونیورسٹی سے پی ایچ ڈی کر رہا ہوں۔ میرا سوال یہ ہے کہ دنیا میں، خاص طور پر پاکستان میں، سکولوں میں بچے اپنے اساتذہ سے سوال کرنے سے گھبراتے ہیں، یہ سوچ کر کہ انہیں ڈانٹ پڑے گی۔ کچھ گھروں میں ایسا ماحول ہوتا ہے جہاں بچے سوال پوچھ سکتے ہیں، لیکن وہ بہت کم ہیں۔ اس کے علاوہ، سوشل میڈیا کی وجہ سے لوگ اب اکٹھے بیٹھ نہیں پاتے۔ یہاں تک کہ کھانے کی میز پر بھی سب اپنے موبائل استعمال کر رہے ہوتے ہیں۔ سالگرہ جیسے مواقع بھی موبائل کے ذریعے منائے جا رہے ہیں۔ آپ کیا سمجھتے ہیں کہ اس طرح کے ماحول میں ہم نفسیاتی مسائل کو کیسے حل کریں؟ ایک ایسے معاشرے میں کیسے ایک دوسرے سے بات کریں اور ہمدردی پیدا کریں؟

ڈاکٹر خالد سہیل:

آپ کا سوال بہت اہم ہے اور اس کے کئی پہلو ہیں۔ میں سمجھتا ہوں کہ زندگی کے ارتقاء اور قوموں کی ترقی کا بنیادی ستون تعلیم ہے۔ لیکن یہاں تعلیم سے مراد صرف نصابی تعلیم نہیں بلکہ دماغی صحت کی تعلیم بھی ہے۔

اگر دماغی صحت کی تعلیم نہ ہو، تو لوگ گنڈے تعویذ کو مسئلے کا حل سمجھتے ہیں۔ لیکن اگر تعلیم موجود ہو تو آپ یہ سمجھ سکتے ہیں کہ آپ پر کوئی جن نہیں آیا، بلکہ آپ ''پوسٹ

پارٹم ڈپریشن‘‘‘ کا شکار ہیں، جس کا علاج ممکن ہے۔ اسی لیے بچوں کو تعلیم دینا ضروری ہے، اور تعلیم کے لیے سوال پوچھنا بنیادی اہمیت رکھتا ہے۔

میری ایک غزل ہے جو سوال اور تعلیم کی اہمیت پر روشنی ڈالتی ہے:

نئی کتاب مدلل جواب چاہیں گے
ہمارے بچے نیا اب نصاب چاہیں گے

روایتوں کے کھلونوں سے دل نہ بہلے گا
بغاوتوں سے منور شباب چاہیں گے

حساب مانگیں گے اک دن وہ لمحے لمحے کا
ہمارے عہد کا وہ احتساب چاہیں گے

یہ اشعار اس بات کی عکاسی کرتے ہیں کہ تعلیم اور سوال پوچھنے کی آزادی قوموں کی ترقی کا بنیادی جزو ہے۔ یہ ایک اجتماعی فیصلہ ہوتا ہے کہ ہمیں آگے بڑھنا ہے یا ماضی میں رُک جانا ہے۔ اگر ہم بچوں کو سوال کرنے کی اجازت دیں اور ایسے پروگرامز کو فروغ دیں جہاں ہر کسی کو اظہار کا موقع ملے، تو ہم ارتقاء کی اگلی منزل تک پہنچ سکتے ہیں۔ ورنہ ہم بھی وقت کے ساتھ دھندلا جائیں گے۔ شاید ہمیں 50 سال میں یہ اثر نظر نہ آئے، لیکن 500 سال بعد تاریخ بتائے گی کہ ایک قوم کبھی یہاں تھی۔

کلچر ایک بہتے ہوئے دریا کی طرح ہوتا ہے جو مسلسل ترقی کرتا رہتا ہے، لیکن جب ہم مذہب کو کلچر کے بیچ میں لے آتے ہیں، تو کلچر کے کچھ حصوں کو مقدس بنا دیتے ہیں۔ جو چیز مقدس بن جائے، اس پر سوال نہیں کیا جا سکتا، اور یہ کلچر کی ترقی کو روک دیتا ہے۔

سائنس اور سائیکالوجی یہ مانتی ہیں کہ ایک طالب علم اپنے استاد کو چیلنج کر سکتا ہے، اور استاد کا فرض ہے کہ وہ اپنے شاگرد کو قائل کرے۔ اگر استاد قائل نہ کر سکے تو شاگرد کو یہ حق ہے کہ وہ کسی اور سے مدد لے۔ ترقی کرنے کے لیے ہمیں بچوں کے سوالات کو خوش آمدید کہنا چاہیے۔

رشید ندیم، جو ایک شاعر ہیں، ان کا ایک چھوٹا سا بیٹا تھا۔ ایک دن اس نے اپنے والد سے کہہ کر مجھے فون ملایا اور بولا: ''سہیل انکل! مجھے اللہ میاں کا پتہ چاہیے، کیونکہ میں نے انہیں سالگرہ کا کارڈ بھیجنا ہے۔'' پھر ایک دن کے چاند کو دیکھتے ہوئے کہنے لگا: ''انکل، پتہ ہے یہ کیا ہے؟ یہ اللہ میاں کا ناخن ہے۔''

یہ چار سال کے بچے کا تخیل ہے جو حیرت انگیز ہے۔ پھر جب وہ سات سال کا ہوا، تو اس نے مجھے اپنی شاعری سنائی:

''بارش ہوتی ہے، میرے آنسو بہتے ہیں،
پانی پانی میں مل جاتا ہے۔''

یہ وہ خیالات ہیں جو بعض اوقات ہمارے پاس بھی نہیں ہوتے۔ سوال یہ ہے کہ ہمیں بچوں کو سکھانا ہے یا ان سے سیکھنا ہے؟ میں سمجھتا ہوں کہ ہر پرانی نسل کو نئی نسل سے سیکھنا چاہیے۔

اگر ہم ماضی پرستی کی گرفت میں رہیں گے تو آگے نہیں بڑھ سکیں گے۔ آج کے بچے وہ کر رہے ہیں جو شاید ہم نہیں کر سکتے۔ اگر ہمیں ترقی کرنی ہے تو ہمیں اپنے بچوں سے سیکھنا ہوگا اور ان کے خیالات کو اپنانا ہوگا۔ یہ فرق ہے کہ آپ ماضی میں اُلجھے رہتے ہیں یا مستقبل کے بارے میں سوچتے ہیں۔

آڈیئنس کا سوال:

میرا نام محمد نفیس ہے۔ میں ریسرچ کا کام کرتا ہوں۔ آپ نے بڑی اچھی گفتگو کی، اتنی سادہ الفاظ میں اور زندگی کے واقعات سے مثالیں بھی دیں کہ سمجھنے میں آسانی ہو۔ اس لیے ہم آپ کے بڑے ممنون ہیں۔ میرے ذہن میں سوال یہ ہے کہ آپ کی زیادہ تر گفتگو انفرادی نفسیاتی مسائل پر رہی ہے، مگر ہمارے معاشرے میں جو سماجی نفسیاتی مسائل پیدا ہو رہے ہیں، جیسا کہ پچھلے دنوں ایک خاتون کے ساتھ جو واقعہ پیش آیا، جس میں مجمع اکٹھا ہو گیا تھا اسے مارنے پیٹنے کے لیے۔ یہ پہلا واقعہ نہیں بلکہ ہمارے ہاں ایک عرصے سے ایسے واقعات ہو رہے ہیں، آپ کو علم ہو گا۔ تو یہ جو ایک سماجی رویہ بن رہا ہے، اس میں جو سائیکالوجسٹ اور دیگر سوچنے والے افراد ہیں، وہ کیا کردار ادا کر سکتے ہیں؟ کیا یہ سوال مناسب ہے میری طرف سے؟

ڈاکٹر خالد سہیل:

آپ کا سوال بہت قیمتی ہے، لیکن یہ اتنا پیچیدہ ہے کہ مجھ جیسا شخص صرف ایک پہلو کا جواب دے پائے گا۔ دیکھیں، جب بات معاشرتی نفسیات کی ہوتی ہے، تو یہ معاشرتی ذمہ داری سے جُڑ جاتی ہے۔ کیا میں انفرادی طور پر اپنے اعمال کے لیے ذمہ دار ہوں، یا سماجی طور پر ذمہ دار ہوں؟

فرائڈ نے معاشرتی نفسیات پر لکھا ہے کہ جب آپ کسی گروہ کا حصہ بنتے ہیں، تو آپ کی انا ختم ہو جاتی ہے۔ آپ ذاتی ذمہ داری سے آزاد ہو جاتے ہیں اور گروہ کا حصہ بن جاتے ہیں۔ اس وقت آپ یہ سمجھنے لگتے ہیں کہ ''ہم 200 لوگ یہ کر رہے ہیں، تو یہ میرا انفرادی فعل نہیں بلکہ گروہی عمل ہے۔'' اس کو سمجھنے کے لیے یہ دیکھنا ضروری ہے کہ کسی معاشرے یا قوم کی اجتماعی سوچ کیا ہے۔

میرا خیال ہے کہ عنبرین اس پہلو پر بہتر روشنی ڈال سکیں گی کہ کس طرح ایک مرد کی، ایک مسلمان کی، یا ایک پاکستانی کی سماجی شناخت اس کی سوچ اور اعمال پر اثر انداز ہوتی ہے۔

جب مجھے میڈیکل کالج پشاور میں داخلہ نہیں ملا کیونکہ میرا ڈومیسائل نہیں تھا، تو انہوں نے کہا کہ میرے پاس جائیداد نہیں ہے۔ میرے والدین امرتسر سے تھے۔ اس وقت میں نے سوچا کہ شاید فوج میں چلا جاؤں۔ میں نے اپنے والد سے کاغذات پر دستخط کروانے کے لیے کہا۔ وہ کہنے لگے: ''تم فوج میں جانا چاہتے ہو؟'' میں نے کہا: ''جی ہاں۔'' تو وہ بولے: ''پتا ہے فوج میں جانے کا مطلب کیا ہے؟ جب کمانڈر تمہیں گولی چلانے کا حکم دے گا، تو یہ تمہارا فرض ہوگا۔ اگر کل کو ایران یا افغانستان سے جنگ ہوئی، تو تم اپنے کتنے بھائیوں کو مار دو گے؟''

میں قاتل تو نہیں بننا چاہتا تھا۔ اس وقت مجھے غصہ آیا کہ کتنے لوگ فوج میں جاتے ہیں، پھر میرے لیے یہ مسئلہ کیوں بنا؟ لیکن بعد میں مجھے میڈیکل کالج میں داخلہ مل گیا اور میں ڈاکٹر بن گیا۔ چھ سال بعد والد صاحب نے دوبارہ کہا کہ اب فوج میں جاؤ۔ میں نے حیرت سے پوچھا: ''آپ نے تو منع کیا تھا؟'' تو کہنے لگے: ''اب تم ڈاکٹر ہو اور مسیحا بن کر جاؤ گے۔ چاہے کوئی دشمن کا فوجی ہو یا اپنا، تم اس کا علاج کرو گے۔''

یہ واقعہ اس بات کی نشاندہی کرتا ہے کہ ہمارے معاشرے میں ایسے لوگوں کی کمی ہوتی جا رہی ہے جن کی ہم قدر کر سکیں اور جن کا احترام کیا جا سکے۔ ہم نے اپنی ساکھ کھو دی ہے۔ میرا نہیں خیال کہ سیاستدان دنیا کو آگے لے جا سکتے ہیں۔ دنیا کو آگے لے جانے والے وہ دانشور ہوتے ہیں جو فکری رہنمائی کرتے ہیں، آپ کو سوچنے پر مجبور

کرتے ہیں، اور لیڈرشپ فراہم کرتے ہیں۔

معاشرتی تبدیلی انفرادی قدم نہیں بلکہ یہ تب ممکن ہے جب ایسے کردار پیدا کیے جائیں جو مخلص ہوں، ایماندار ہوں، اور غور و فکر کرنے والے ہوں۔ ایسے لوگ ہوں جن کی عزت کرنے کا آپ کا دل چاہے۔

میں نے اپنی ایک دوست سے پوچھا کہ آپ لاہور گئی تھیں کتاب کی رونمائی کے لیے، تو کیسی رہی؟ وہ کہنے لگیں، ''میرے پبلشر نے کہا کس سے صدارت کروانی ہے

یہ مصنف 10,000 روپے کا ہے،

یہ شاعر 20,000 کا، اور

یہ دانشور 25,000 کا۔

جس سے چاہیں صدارت کروالیں اور جو چاہیں لکھوالیں۔''

اگر مصنف یوں بکے گا تو ہمارے پاس فلاسفرز اور سکالرز کہاں سے آئیں گے، جو ہماری رہنمائی کرسکیں؟

شکریہ۔

آڈیئنس کا سوال:

السلام علیکم ڈاکٹر صاحب۔ میرا نام اشفاق چانڈیو ہے اور میں لکھتا بھی ہوں۔ آج پہلی مرتبہ آپ سے ملاقات ہوئی ہے۔ آج پہلی بار آپ کو ایک سائیکالوجسٹ کے طور پر دیکھا ہے ورنہ آپ کو ادیب کے طور پر پڑھا بھی ہے۔ ڈاکٹر صاحب، اب جب ڈیجیٹل دور ہے، میں امریکہ یا ویسٹ کی بات نہیں کر رہا، بلکہ ساؤتھ ایشیا اور خاص طور پر پاکستان کی بات کر رہا ہوں۔ کیا ڈیجیٹل دور نے ہماری سائیکی بدلی ہے؟ جیسا کہ آپ نے لیکچر میں خط لکھنے کا ذکر کیا، تو آج سے 20 سال پہلے خط لکھے جاتے تھے۔ اس سے کتھارسس

بھی ہو جاتا تھا اور جب جواب آتا تھا تو انسان تھوڑا گرین زون میں آجاتا تھا۔ میرے اس سوال کے دو پہلو ہیں: کیا ہمیں خط لکھنے کی طرف واپس جانا چاہیے، یعنی پچھلی دو دہائیوں میں واپس جانا چاہیے یا نہیں؟ یا کیا ہم ڈیجیٹل طریقہ جاری رکھ سکتے ہیں؟

ڈاکٹر خالد سہیل:

آپ کے سوال کا جواب میں ایک واقعے سے دیتا ہوں۔ آج سے کوئی سال ڈیڑھ سال پہلے میری بہن کی سب سے چھوٹی بیٹی وردا، جو کینیڈا میں رہتی ہے، اس کا ایکسیڈنٹ ہو گیا۔ اس کی گردن کے چار ورٹیبرا ٹوٹ گئے تھے، جو ٹائیٹینیم کے آپریشن سے جوڑے گئے۔ اس کی حالت اتنی خراب تھی کہ وہ چار مہینے تک نہ سیدھی لیٹ سکتی تھی نہ کروٹ لے سکتی تھی۔ میں نے اسے اپنے گھر لے آیا، ایک ہسپتال کا بیڈ خریدا، اور اس کی تیمارداری کی۔

چند مہینے بعد، جب وہ بہتر ہو گئی، تو اس کے ساتھ میری دوستی بڑھ گئی۔ میں نے کہا، ''بیٹا، آپ کی جسمانی صحت یابی تو ہو گئی، مگر اب نفسیاتی اور معاشرتی بحالی کی باری ہے۔'' میں نے اسے تخلیقی صلاحیتوں پر مبنی ایک پروجیکٹ کرنے کی پیشکش کی۔ اس نے کہا: ''ماموں! میں آپ کے ساتھ ٹک ٹاک ویڈیوز بنانا چاہتی ہوں۔'' سچ بتاؤں تو میں بھی ٹک ٹاک کا فین نہیں تھا۔ لیکن اس نے کہا: ''ماموں! آپ جو کالم لکھتے ہیں، وہ 60 سالہ لوگوں کے لیے ہیں۔ نوجوان لوگ آپ کے کالم یا کتابیں نہیں پڑھتے۔ اگر آپ انہیں مخاطب کرنا چاہتے ہیں تو ان کی زبان استعمال کریں۔''

جب میں نے خود ٹک ٹاک کھول کر دیکھا تو وہاں کچھ بیہودہ مواد بھی تھا، لیکن بڑے بڑے فلسفیوں اور سکالرز کی دو منٹ کی ویڈیوز بھی تھیں۔ اس نے میرا اکاؤنٹ بنایا ''مائی وائز انکل'' کے نام سے۔ پہلی ویڈیو میں اس نے مجھ سے پوچھا: ''ماموں!

ہمیں محبت کے بارے میں بتائیں۔'' میں نے جواب دیا، ''ماہرِ نفسیات ہیری سٹاک سالیوان کا کہنا ہے کہ جب کسی اور انسان کے دُکھ سُکھ آپ کو اپنے دُکھوں اور سُکھوں کی طرح عزیز بن جائیں تو آپ حالتِ محبت میں ہیں۔''

آپ یقین کریں، ایک ہفتے میں وہ ویڈیو 80,000 لوگوں نے دیکھی۔

یہ دیکھ کر مجھے لگا کہ میڈیم کوئی بھی ہو، اصل بات مواد کی ہے۔ کچھ مصنف ایسے ہیں جن کے پاس مواد ہوتا ہے اور کچھ الفاظ کے ساتھ کھیلتے ہیں۔ میرے نزدیک لب لباب ''دانائی'' ہے۔ خواہ وہ ٹک ٹاک ہو یا فیس بک، اگر دانائی موجود ہے تو ان کے زندہ رہنے کا امکان ہے۔

ارتقاء کا سفر سیدھی راہ پر نہیں ہوتا۔ آپ تین قدم آگے جاتے ہیں تو ایک قدم پیچھے آتے ہیں۔ یہ میڈیا بھی ایک نئی چیز ہے، اس کا غلط استعمال ہو رہا ہے۔ لیکن 50-60 سال کے بعد، دانائی کے بغیر لوگ خود ہی ختم ہو جائیں گے۔ میں ارتقاء پر بھروسہ رکھتا ہوں، لیکن یہ عمل پانچ یا دس سال کی بات نہیں بلکہ صدیوں پر محیط ہے۔

آپ ماضی کے مسلم سکالرز کو دیکھیں، وہ کیا سوچتے تھے؟ سوچنا، غور کرنا اور فکر کرنا ہی ہمیں زندگی کے راز سمجھاتے ہیں۔ آخر میں ایک شعر کہوں گا:

اس درجہ روایات کی دیواریں اُٹھائیں
نسلوں سے کسی شخص نے باہر نہیں دیکھا

آڈیئنس کا سوال:

السلام علیکم ڈاکٹر صاحب! میرا نام ذیشان جمالی ہے۔ ماشاء اللہ آپ نے فلسفے پر کافی کام کیا ہے۔ میرا سوال یہ ہے کہ جیسے ہمیں اپنے والدین سے بلڈ پریشر اور شوگر جیسی بیماریاں ملتی ہیں، کیا ہمارے والدین سے ذہنی مسائل بھی جینیاتی طور پر منتقل

ہو سکتے ہیں؟ اگر ایسا ہے تو ہم ان کا حل کیسے نکال سکتے ہیں یا ان کا علاج کیسے کر سکتے ہیں؟

ڈاکٹر خالد سہیل:

آپ کا سوال بہت اہم ہے۔ میں سمجھتا ہوں کہ ہماری کمیونٹی میں ایک نہایت پریشان کن مسئلہ کم عمری کی شادیوں کا ہے۔ جب کسی بچے یا بچی کی بہت کم عمر میں شادی کر دی جاتی ہے تو وہ ابھی خود تشکیل کے مراحل میں ہوتے ہیں۔ ان کی ذہنی اور جذباتی صلاحیتیں ابھی اس درجے تک نہیں پہنچتیں کہ وہ ماں یا باپ بننے کی ذمہ داری اٹھا سکیں۔ مثال کے طور پر، آپ پندرہ سال کی بچی کو ماں نہیں بنا سکتے۔ اسے اپنی نشوونما کا وقت ملنا چاہیے کہ وہ سوچ سکے کہ اس کے خواب کیا ہیں اور وہ زندگی میں کیا کرنا چاہتی ہے۔

دوسرا بڑا مسئلہ بدقسمتی سے کزنوں میں شادیاں کرنا ہے۔ جب میں نے ایم بی بی ایس مکمل کیا تو میری والدہ نے بھی مجھے ایک کزن سے شادی کرنے کا مشورہ دیا۔ میں اپنی ذاتی مثال اس لیے دے رہا ہوں کیونکہ ان مسائل کے حل کے لیے ضروری ہے کہ ہم ان پر بات کریں۔ میری بہن مجھ سے خفا ہوتی ہے کہ میں اپنے والد کی ذہنی بیماری کا ذکر کرتا ہوں، جبکہ وہ صوفی آدمی تھے۔ میں کہتا ہوں کہ انہوں نے کوئی گناہ تو نہیں کیا، کسی کو قتل نہیں کیا، وہ بیمار تھے اور ان کو علاج کی ضرورت تھی۔

میں نے اندازہ لگایا کہ میرے ننھیال میں کوئی ذہنی بیماری نہیں، لیکن میرے والد کے خاندان میں تھی۔ وہ جین میری بہن میں منتقل نہیں ہوئی مگر مجھ میں آ گئی۔ لوگ مجھ سے پوچھتے ہیں کہ آپ بہتّر (72) سال کے ہو گئے ہیں اور آپ نے کوئی بچہ پیدا نہیں کیا؟ تو میں جواب دیتا ہوں کہ اگر میرے چار بچے ہوتے تو ان میں سے دو یقیناً ذہنی بیماری کا شکار ہو سکتے تھے۔ یہ آگاہی کہ کون سی جینیاتی مشکلات خاندان میں موجود

ہیں، اسی کو جینیاتی مشاورت کہتے ہیں، جو ایک باقاعدہ شعبہ ہے۔ ضروری نہیں کہ آپ شادی سے پہلے زائچہ نکلوائیں، لیکن اپنی جسمانی اور ذہنی صحت کا خیال رکھنا لازمی ہے۔

میرے ایک استاد ڈاکٹر احمد علی تھے۔ انہوں نے مجھ سے پوچھا کہ اگر تمہارے لیے کوئی رشتہ آئے اور تمہیں صرف ایک سوال پوچھنے کا موقع ملے تو کیا پوچھو گے؟ میں نے کہا: ''میں ان کی تعلیم کے بارے میں پوچھوں گا۔'' انہوں نے کہا: ''نہیں، بنیادی سوال یہ ہونا چاہیے کہ ان کے خاندان میں کوئی ذہنی بیماری تو نہیں ہے، کیونکہ کل کو تمہارے بچے ہونے ہیں اور یہ چیز نسلوں میں منتقل ہو سکتی ہے۔''

ایک اور مسئلہ یہ ہے کہ بعض مالدار لوگ بھی بچوں کی شادیاں جلدی کر دیتے ہیں، بغیر یہ سوچے کہ ان کی ذہنی اور مالی صلاحیتیں کیا ہیں۔ میرے ایک مریض، جو ایک فارماسسٹ تھے، ان کی بیٹی شیزوفرینیا کی مریضہ تھی اور دوائیوں کے سہارے ٹھیک چل رہی تھی۔ وہ کہنے لگے کہ میں پاکستان جا رہا ہوں بیٹی کی شادی کروانے کے لیے۔ میں نے کہا کہ یہ مناسب نہیں کیونکہ یہ لڑکی نئی ذمہ داری سنبھالنے کے لیے تیار نہیں۔ انہوں نے پوچھا کہ کیا خاندان کو بتانا چاہیے کہ بیٹی ذہنی بیماری کا شکار ہے؟ میں نے کہا کہ بالکل، لیکن اگر آپ نہیں بتائیں گے تو یہ زیادتی ہوگی۔ وہ کہنے لگے، ''اگر میں بتا دوں تو شادی کون کرے گا؟''

اگر آپ میں سے کسی نے ''ایکویس'' Equus نامی فلم دیکھی ہو، جو ایک ایسے شخص کے بارے میں ہے جس کا ذہنی توازن بگڑنے پر وہ گھوڑوں کو اندھا کرتا ہے، تو آپ سمجھیں گے کہ جنسی نفسیات بھی بعض اوقات ایسے مسائل کو جنم دیتی ہے۔ میرے دو مریض ایسے ہیں جن کا ذہنی توازن جنسی تعلق کے دوران بگڑ جاتا ہے کیونکہ وہ اس شدت کو برداشت نہیں کر پاتے۔ بدقسمتی سے اس پر زیادہ لکھا نہیں گیا۔ اس لیے یہ شعور

بہت ضروری ہے کہ والدین بچوں کی شادیوں سے پہلے ان پہلوؤں پر غور کریں، اور سسرال والوں کو بھی ان باتوں کا علم ہونا چاہیے۔

میرا وہ مریض اپنی بیٹی کو شادی کے لیے پاکستان لے آیا۔ شادی کے بعد میری تشخیص یہ ہے کہ لڑکی جنسی تعلق سے بچنے کی کوشش کرتی تھی۔ وہ اپنے شوہر کے ساتھ سونا نہیں چاہتی تھی۔ میرا خیال ہے کہ تین ہفتے کے بعد شوہر نے ضرور کہا ہوگا، ''میں تمہارا شوہر ہوں، تم میرے ساتھ شادی کر کے آئی ہو، پھر میرے ساتھ سوتی کیوں نہیں ہو؟'' جب شوہر نے اپنی بات اس پر مسلط کی تو لڑکی نے ساتھ سونے کے بجائے دوسری منزل کی کھڑکی سے چھلانگ لگادی، جس سے اس کی ٹانگ ٹوٹ گئی۔

یہ مثال اس لیے دے رہا ہوں کہ ہمیں اپنی بچیوں اور جوان عورتوں کی رائے کا احترام کرنا چاہیے۔ جب آپ کسی کی شادی کرتے ہیں تو یہ دیکھنا ضروری ہے کہ وہ مرد اور عورت دونوں اس ازدواجی زندگی کے لیے ذہنی طور پر تیار ہیں یا نہیں۔ جیسا کہ شاعر اور ڈاکٹر سلمان اختر کہتے ہیں، ''اگر آپ کو محبت نہیں ہے تو بستر پر کیکٹس کے کانٹے آ جاتے ہیں، اور اگر محبت ہے تو یہی بستر پھولوں کی سیج بن جاتا ہے۔''

یہ باتیں بہت ضروری ہیں، اور مجھے خوشی ہے کہ آپ لوگ اتنے اچھے سوالات پوچھ رہے ہیں۔ لیکن وقت کی کمی کی وجہ سے مختصر بات کر رہا ہوں۔

آڈیئنس کا سوال:

میرا نام محمد عتیق ہے، میں معمار ہوں۔ آپ کی باتیں بہت معلوماتی تھیں۔ اسی گفتگو سے میرے ذہن میں ایک چھوٹی سی اُلجھن پیدا ہوئی ہے جسے شاید آپ دُور کر سکیں۔ آپ نے کہا کہ ہمارا ذہن ہمارے دماغ کو متاثر کرتا ہے۔ مثال کے طور پر، اگر کوئی مجھ سے کوئی بُری بات کہہ دے، چاہے وہ جھوٹ ہی کیوں نہ ہو، لیکن میں اسے سچ

مان لیتا ہوں تو مجھے ڈپریشن اور بے چینی ہو سکتی ہے۔ تو دوسری طرف، اگر ہم اسی منطق کو اُلٹ دیں تو اگر کوئی مجھے دم درود کرے، دعا دے، یا روحانی علاج کے طور پر کوئی بات کہے، اور میں اسے بھی جھوٹ ہونے کے باوجود سچ مان لوں، تو کیا مجھے ٹھیک بھی ہو جانا چاہیے؟ جس طرح بُری بات سن کر میں بیمار پڑ گیا تھا، اسی طرح اچھی بات سن کر مجھے ٹھیک ہو جانا چاہیے۔

اگر یہ بات درست ہے تو آپ نے بلقیس ممانی کی مثال میں فوراً اس بات کو کیوں رد کیا؟ کیوں نہ یہ سوچا جائے کہ اگر وہ یقین کرتی ہیں تو ٹھیک بھی ہو سکتی ہیں، چاہے وہ بات جھوٹ ہی کیوں نہ ہو؟

ڈاکٹر خالد سہیل:

آپ کا سوال بجا ہے۔ دیکھیں، بات یہ ہے کہ اگر مسئلہ چھوٹا ہو، جیسے آپ کو صرف ایک وہم ہو یا تاریکی کا ڈر، تو ایسی صورت میں اگر کوئی پیر صاحب یا کوئی روحانی شخصیت آپ کو کچھ کہے اور آپ یقین کر لیں، تو اس کا ایک حد تک اثر ہو سکتا ہے۔ آپ کا ذہن کچھ دیر کے لیے مطمئن ہو سکتا ہے کیونکہ آپ یقین کے ذریعے خود کو بہتر محسوس کرواتے ہیں۔

لیکن مسئلہ یہ ہے کہ بعض اوقات مسائل بہت سنجیدہ ہوتے ہیں، مثال کے طور پر دل کی بیماری یا کینسر جیسی صورت حال، جہاں جان جانے کا خطرہ ہوتا ہے۔ ان معاملات میں صرف یقین کر لینا کافی نہیں ہوتا۔ یہاں طبی یا نفسیاتی علاج کی ضرورت پڑتی ہے۔ اگر آپ ان گہری اور خطرناک بیماریوں کا مناسب علاج نہیں کریں گے تو نتائج تباہ کن ہو سکتے ہیں۔

میں مانتا ہوں کہ ہر انسان کا اپنا عقیدہ ہوتا ہے، اور ایک حد تک آپ کی بات

سے اتفاق بھی کرتا ہوں کہ یقین کسی کو تھوڑی دیر کے لیے بہتر محسوس کرا سکتا ہے۔ لیکن یہ ایک نازک موڑ ہے۔ ہو سکتا ہے میں اپنے مریضوں اور دوستوں کے بارے میں کچھ زیادہ فکر مند ہوں، اس لیے میں انہیں حقیقت پر مبنی مشورہ دینے کو ترجیح دیتا ہوں۔

میری بہن ان تمام چیزوں پر بہت یقین رکھتی ہیں اور میں انہیں نہیں روکتا۔ میں نے ان کی بیٹی وردہ کی مثال دی تھی جس کے چار مہروں میں سے پہلا، تیسرا، چوتھا اور پانچواں مہرا ٹوٹا ہوا تھا، اور دوسرا مہرا محفوظ رہنے کو سرجن نے معجزہ قرار دیا۔ اس صورت حال میں آپ کو فیصلہ کرنا ہوتا ہے کہ کیا آپ باقاعدہ علاج کرانا چاہیں گے یا صرف کسی بابا جی کے دم درود پر انحصار کریں گے۔ چھوٹی تکالیف میں تو شاید یہ کارگر ہو، لیکن ایسی جان لیوا صورت حال میں نہیں۔

اس لیے ضروری ہے کہ ہم ایک حد مقرر کریں۔ ہر چیز یقین کے سہارے ٹھیک نہیں کی جا سکتی، خاص طور پر سنگین بیماریوں میں تو نہیں۔ شکریہ۔

آڈینس کا سوال:

السلام علیکم! میرا نام حمیدہ ناصر ہے، اور میں آپ کا سیشن لینے کے لیے چکوال سے آئی ہوں۔ جب میرا بیٹا بہت چھوٹا تھا تو اس نے مجھ سے ایک سوال کیا کہ ''امی! ہماری کرنسی پر قائداعظم کی تصویر کیوں ہے؟ میری تصویر کیوں نہیں؟'' میں نے اسے سمجھایا کہ قائداعظم نے کچھ خاص کام کیا تھا، اسی لیے ان کی تصویر لگائی گئی۔ میں نے اسے کہا کہ ''تم بھی کوئی خاص کارنامہ انجام دو، تب تمہاری تصویر بھی لگ جائے گی۔'' اس نے پوچھا کہ کیا خاص کام؟ میں نے جواب دیا کہ قائداعظم نے پاکستان بنایا تھا، تم کشمیر آزاد کرا دینا۔

اب وہ قائداعظم یونیورسٹی میں بی ایس کے آخری سمسٹر میں ہے۔ آپ نے

ابھی گرین زون کا ذکر کیا، تو دو ہفتے پہلے جب میں نے اس سے پوچھا کہ تم نے اپنے مستقبل کے بارے میں کیا سوچا ہے، تو اس نے کہا: ''امی! میں اپنے گرین زون میں ہوں، آپ کو پریشان ہونے کی ضرورت نہیں۔'' میں اُس کی بات سن کر پریشان ہو گئی کیونکہ مجھے گرین زون کا نہیں پتا تھا، مگر میں نے اندازہ لگایا کہ گرین کو ہم امن کی علامت سمجھتے ہیں، تو شاید وہ کہنا چاہ رہا ہے کہ وہ اپنے امن میں ہے، اس لیے میں بے فکر رہوں۔ سوال میرا یہ ہے کہ اگر بچہ اپنے گرین زون میں ہے، لیکن میں عموماً اس کی فکر میں ییلو زون میں رہتی ہوں، اور میرے شوہر ہم دونوں کی حالت دیکھ کر ریڈ زون میں چلے جاتے ہیں، تو ایسے میں ہمیں اپنے زون کی فکر کرتے ہوئے دوسروں کے زون کا کتنا خیال رکھنا چاہیے؟ اگر میں اپنے گرین زون کو ترجیح دیتی ہوں تو کیا مجھے دوسروں کے گرین زون کا بھی خیال رکھنا چاہیے؟

ڈاکٹر خالد سہیل:

آپ ایک ماں ہیں اور بہت سی ماؤں کی طرح اپنے بیٹے کی محبت میں اس کے لیے فکرمند رہتی ہیں۔ میں اپنے مریضوں کو ایک مثال دیتا ہوں: جب آپ ہوائی جہاز میں سفر کر رہی ہوتی ہیں تو جہاز کا عملہ ہدایت دیتا ہے کہ اگر کیبن کا پریشر کم ہو جائے تو چھت سے آکسیجن ماسک گرے گا۔ وہ کہتے ہیں کہ ماں کو چاہیے کہ پہلے اپنا ماسک لگائے، پھر بچے کو لگائے۔ بہت سی مائیں قدرتی طور پر پہلے بچے کو ماسک لگاتی ہیں، لیکن ایسا کرنے سے پہلے وہ خود بیہوش ہو سکتی ہیں۔ یعنی اگر آپ خود ٹھیک نہیں ہوں گی تو کسی اور کی مدد کیسے کریں گی۔

ہمارے ہاں یہ تصور ہے کہ اپنا خیال رکھنا خودغرضی ہے۔ میں نے اس کے لیے ایک لفظ ایجاد کیا ہے: ''خودخیالی''۔ خودخیالی خودغرضی نہیں ہے۔ جب آپ اپنا

خیال رکھیں گی تو بہتر ماں اور بہتر بیوی بنیں گی۔ لیکن اگر آپ ہر وقت بیٹے، شوہر اور باقی رشتوں کی فکر میں پریشان رہیں گی، راتوں کو جاگتی رہیں گی، تو آہستہ آہستہ آپ کا جذباتی ٹینک خالی ہو جائے گا۔ ہمیں یہ ٹینک بھرا رکھنا چاہیے۔

میں چار مہینوں میں 72 سال کا ہونے والا ہوں، مگر میں خود کو 42 سال کا محسوس کرتا ہوں، کیونکہ میں وہ کام کرتا ہوں جو مجھے خوشی دیتا ہے۔ اگر آپ ایسا کام کریں جس میں خوشی نہ ہو تو مایوسی بڑھتی جاتی ہے۔ میری صحت اور میری خوشی میری اپنی ذمہ داری ہے۔ میں اپنے والدین، معاشرے یا مذہب کو موردِ الزام نہیں ٹھہرا سکتا۔

آپ کی طرح بہت سی مائیں اپنے بچوں کے لیے پریشان رہتی ہیں۔ میں کہتا ہوں کہ فکر کرنا گرین زون ہے، لیکن ہر وقت پریشان رہنا ریڈ زون ہے۔ ہم سب اس دنیا میں، چاہے یہاں ہوں یا مغرب میں، کسی نہ کسی حد تک ریڈ زون میں رہ رہے ہیں۔ میں زیادہ کچھ تو نہیں کر سکتا، لیکن میرا ماننا ہے کہ یہ ایک لال سمندر ہے جس میں میں ایک سبز جزیرہ بنا سکتا ہوں۔ اگر ہم میں سے ہر شخص ایک سبز جزیرہ بنے گا تو ایک دن یہ جزیرے بڑھیں گے اور لال سمندر کم ہوتا جائے گا۔

شکریہ۔

آڈیئنس کا سوال:

آپ سے باتیں کرنے کو تو بہت دل چاہ رہا ہے لیکن وقت کم ہے، اس لیے ایک مخصوص سوال پوچھوں گا۔ کیا آپ نے کبھی کسی ایسے شخص کا علاج کیا ہے جو نرگسیت (Narcissism) کا شکار ہو؟ اگر کیا ہے تو میں بھی ایک ایسے مریض سے آپ کی ملاقات کروانا چاہوں گا۔

ڈاکٹر خالد سہیل:

یہ ایک مشکل صورت حال ہوتی ہے۔ نرگسیت کا شکار افراد خود کو عقلِ کل سمجھتے ہیں۔ میں انہیں مزاحاً ''میں علیہ السلام'' کہتا ہوں، کیونکہ وہ سمجھتے ہیں کہ اس دنیا میں ان سے بڑا اور سمجھدار کوئی نہیں۔ ابتداء میں ایسے افراد کا علاج مشکل ہوتا ہے کیونکہ وہ مانتے ہی نہیں کہ ان میں کوئی مسئلہ ہے۔ ان کے گھر والے، بیوی، والدین سب کہتے ہیں کہ ان میں مسئلہ ہے، لیکن وہ اصرار کرتے ہیں کہ مسئلہ باقی سب میں ہے، ان میں نہیں۔

جہاں تک کامیاب علاج کی بات ہے، میں نے گروپ تھراپی میں ایسے مریضوں کو بہتر ہوتے دیکھا ہے۔ میں نے ایک ایسے شخص کو گروپ میں شامل کیا۔ ابتدائی چند ہفتے وہ اپنے ہی گُن گاتا رہا، باقی لوگ سنتے رہے۔ ساتویں، آٹھویں ہفتے میں ایک خاتون نے بڑے ادب سے کہا کہ جو بات آپ کر رہے ہیں وہ غلط ہے۔ پھر دوسری، تیسری اور چوتھی بار بھی اسے یہی سننا پڑا۔ گروپ تھراپی کی خوبی یہی ہے کہ جب دس مختلف لوگ، جن کا آپ سے کوئی ذاتی تعلق یا مفاد وابستہ نہیں، ایک ہی بات کہیں تو انسان سوچنے پر مجبور ہو جاتا ہے۔

میرے والد ایک مثال دیا کرتے تھے: ایک چوروں کا گروہ ہر جمعے کو مویشی مارکیٹ جا کر جانور چُرانے کا منصوبہ بناتا تھا۔ وہ مارکیٹ میں بکنے والے ایک جانور کو چُنتے تھے، مثلاً گائے۔ خریدار جب گائے لے کر جاتا، تو راستے میں ہر دو میل بعد ایک چور کھڑا ہو کر پوچھتا تھا کہ کتنے کی خریدی؟ اگر خریدار کہتا دس ہزار کی، تو چور کہتا کہ آپ دھوکہ کھا گئے، یہ گائے تو صرف ایک ہزار کی ہے۔ اس طرح دوسرا، تیسرا، چوتھا سب یہی کہتے۔ ساتویں آدمی تک پہنچتے پہنچتے خریدار کا یقین متزلزل ہو جاتا، اور وہ کہتا، ''اچھا، تمہیں تین ہزار میں بیچ دیتا ہوں۔'' یہی حال نرگسیت کے مریض کا ہے۔ اسے بھی بار

بار مختلف لوگوں سے سننا پڑتا ہے کہ وہ غلط ہے، تب کہیں جا کر وہ سوچنے پر مجبور ہوتا ہے۔

ایسے شخص کو چاہے دوستوں کے گروپ میں یا سہیلیوں کے حلقے میں لائیں، جہاں سب اس سے پیار تو کرتے ہیں مگر اس کی بات نہیں سنتے، اسے سمجھائیں کہ وہ عقلِ کل نہیں۔ جب بہت سے لوگ ایک ہی بات کہیں اور وہ ان سے محبت بھی رکھتا ہو، تو اسے آخر کار سوچنا پڑتا ہے کہ شاید وہ واقعی باقیوں کی دل آزاری کر رہا ہے یا ان کے جذبات کو ٹھیس پہنچا رہا ہے۔

بعض اوقات مصنفین بھی ایسے ہوتے ہیں کہ صرف اپنی تحریروں سے دوسروں کو متاثر کرنا چاہتے ہیں۔ لیکن نرگسیت کے مریضوں پر جب کسی سیاسی، علمی یا معاشرتی بحران کا دباؤ پڑتا ہے تو اُن کی انا چکنا چور ہو جاتی ہے، جو ایک بہت تکلیف دہ عمل ہوتا ہے۔ اس صدمے کے بعد ان کی نرگسیت تیزی سے ختم ہوتی ہے اور وہ بحالی کی طرف آتے ہیں۔

آڈیئنس کا سوال:

میں سندھ سے تعلق رکھتا ہوں اور اس وقت اسلام آباد میں بچوں کے ساتھ کام کر رہا ہوں۔ میں نے ڈیڑھ گھنٹے تک آپ کو سنا ہے اور آپ کی باتیں غور سے سمجھنے کی کوشش کی ہے۔ مجھے محسوس ہوتا ہے کہ میرے اندر جو عدم استحقاق کا احساس تھا، وہ آپ کی گفتگو سننے کے بعد کسی حد تک کم ہوا ہے، جس سے مجھے ذاتی طور پر بہت مدد ملی۔ اب اگر میں معاشرے کی طرف دیکھوں، تو پاکستان میں نفسیاتی مسائل ہر شخص کو درپیش ہیں۔ بیس سال پہلے شاید ان مسائل کی شدت کچھ کم تھی، مگر اب یہ زیادہ دکھائی دیتے ہیں۔ لیکن ہمارے یہاں حکیم اور تبلیغی جماعت والے تو بڑھ رہے ہیں، مگر آپ جیسے ماہرینِ نفسیات نظر نہیں آتے۔ میرا سوال یہ ہے کہ آپ جیسے لوگوں کو معاشرے میں کیسے

فروغ دیا جا سکتا ہے؟

آڈینس کا سوال:

میرا نام سیف الاسلام قریشی ہے اور میں انجینئر ہوں۔ پچھلے سوال سے متعلق میرا اپنا سوال یہ ہے کہ آپ نے سائیکوسومیٹک بیماریوں کا ذکر کیا، جن کے بارے میں آپ کا کہنا ہے کہ ان کی جڑیں ہمارے ذہن اور خیالات میں ہیں۔ کیا ہم اپنے ذہن اور خیالات کو منظم طریقے سے استعمال کرتے ہوئے جسمانی بیماریوں کا بھی علاج کر سکتے ہیں؟ اسی سلسلے میں ہپنوتھیرپی اور ریکی جیسی طریقہ ہائے علاج کی کیا اہمیت ہے؟ آخر میں، مَیں یہ کہنا چاہتا ہوں کہ آپ سے مل کر بہت خوشی ہوئی۔ میں کئی حوالوں سے آپ سے ملنا چاہتا تھا اور آج موقع مل گیا۔

ڈاکٹر خالد سہیل:

آپ نے مجھے دو سوالوں میں اُلجھا دیا ہے، اب مسئلہ یہ ہے کہ مجھے آپ کا دوسرا سوال تو یاد ہے مگر پہلا بھول گیا ہوں۔ میں پہلے دوسرے سوال کا جواب دیتا ہوں پھر پہلے سوال کی طرف آؤں گا۔

آپ نے سائیکوسومیٹک بیماریوں کی بات کی۔ میرا جواب یہ ہے کہ ہاں، ہمارے خیالات اور جذبات کا ہماری جسمانی صحت پر گہرا اثر ہوتا ہے۔ بہت سے مریض جب گرین زون میں آئے تو ان میں سے کچھ بہت سی دوائیں لے رہے تھے، کسی کا بلڈ پریشر زیادہ رہتا تھا، کسی کو کمر درد یا سر درد کی شکایت تھی۔ لیکن جیسے جیسے وہ گرین زون کی طرف راغب ہوئے، انہیں خود آگاہی حاصل ہوئی، انہوں نے سمجھا کہ ان کے اسٹریس کے کیا محرکات ہیں، کون سی وجوہات ان کے تناؤ میں اضافہ کر رہی ہیں، تو آہستہ آہستہ ان کا گرین زون کا وقت بڑھنے لگا اور ییلو اور ریڈ زون کم ہونے لگے۔

کچھ مسائل اگر صرف ایک سال پرانے ہوں تو ان کے ٹھیک ہونے کے امکانات زیادہ ہوتے ہیں، لیکن اگر کوئی مسئلہ 10 یا 20 سال پرانا ہو تو دماغ میں کچھ پختہ راستے (نیورل پاتھ ویز) بن جاتے ہیں جنہیں بدلنا وقت لیتا ہے۔ تھراپی اور علاج سے نئے راستے بنتے ہیں جو مثبت تبدیلیاں لاتے ہیں۔ اس لیے سائیکوسومیٹک بیماریاں بھی آہستہ آہستہ، دو سال، چار سال یا چھ سال میں ٹھیک ہو سکتی ہیں، بشرطیکہ مریض محنت اور مستقل مزاجی سے اس پر کام کرے۔

ایک مثال عارفہ بھٹو کی ہے جو حیدرآباد کی ایک پروفیسر ہیں۔ وہ میری "گرین زون لونگ: سیون سٹیپس" پر اردو اور انگریزی میں ایک ایپ بنا رہی ہیں جو میں اپنے بعد اس دنیا کے لیے وراثت کے طور پر چھوڑنا چاہتا ہوں۔ جب یہ ایپ تیار ہو جائے گی تو دنیا میں کہیں بھی لوگ اسے استعمال کر کے مدد حاصل کر سکیں گے۔ میں نے ان سے پوچھا کہ آپ میری مدد کیوں کر رہی ہیں؟ انہوں نے بتایا کہ انہیں ایک اعصابی مسئلہ تھا جو بہت سے ڈاکٹروں کو دکھانے کے باوجود ٹھیک نہیں ہو رہا تھا۔ لیکن جب انہوں نے گرین زون فلسفے پر عمل کیا تو انہیں اندازہ ہوا کہ ان کے درد کے تین محرکات ہیں۔ جب وہ محرکات واضح ہوئے تو ان کا جسم کا درد کم ہونے لگا اور اب وہ اپنی زندگی کا لطف اُٹھا رہی ہیں۔ اسی لیے وہ چاہتی ہیں کہ باقی لوگ بھی اس سے فائدہ اٹھا سکیں۔

اب پہلے سوال کی طرف آتا ہوں۔ میرے نزدیک بنیادی بات یہ ہے کہ جب ایک بچہ پیدا ہوتا ہے تو پہلے دس سال وہ سپنج کی طرح ہوتا ہے۔ جو بھی آپ اسے بتاتے ہیں، وہ جذب کر لیتا ہے کیونکہ ابھی اس میں تنقیدی سوچ نہیں ہوتی۔ بدقسمتی سے ہم ان ابتدائی برسوں میں اس کے ذہن میں تعصب اور نفرت بھر دیتے ہیں۔ بعد میں تعلیم کا سب سے بڑا امتحان یہ ہوتا ہے کہ وہ سیکھے ہوئے غلط تصورات کو بھول کر نئی چیزیں

سیکھ سکے۔ مگر ہم نے یہ دروازے بند کر رکھے ہیں۔ اس لیے خود آگاہی اور خود احتسابی
کے مواقع محدود ہو جاتے ہیں، چاہے اس کی وجہ روایات ہوں یا مذہب۔ شاید میں آج
جو بات کر رہا ہوں، دس سال پہلے نہ کر پاتا، سوچتا کہ لوگ کیا کہیں گے، لیکن انسان کو خود
کے ساتھ ایماندار ہونا چاہیے۔

آج کل معاشرے میں ایک طرف اپنے ساتھ سچا ہونے کا فقدان ہے اور
دوسری طرف منافقت بڑھ رہی ہے۔ آپ جانتے ہیں کوئی غلط بات کر رہا ہے لیکن اسے
غلط کہنے کی ہمت نہیں ہوتی۔ یہ افسوسناک حالات ہیں، لیکن مجھے یقین ہے کہ ہماری
آنے والی نسلیں یہ باتیں سمجھ جائیں گی۔

میری پسندیدہ کہانی ہے: بھارت میں ایک 90 سالہ بزرگ اپنے گھر کے
باغیچے میں آم کا درخت لگا رہے تھے۔ ہمسائے نے کہا کہ یہ درخت تو سات سال میں
پھل دے گا، تب تک تو آپ اس دنیا میں نہیں ہوں گے، یہ آپ کیوں کر رہے ہیں؟
بزرگ نے جواب دیا کہ "بیٹا! میں یہ اپنے لیے نہیں بلکہ اپنی آنے والی نسلوں کے لیے لگا
رہا ہوں۔" اسی طرح ہمیں بھی آنے والی نسلوں کو سنجیدگی سے لینا ہوگا۔ ہر نیا بچہ فطرت کا
تحفہ ہے، اگر ہم اس کو اہمیت دیں گے تو وہ ہمارے لیے کچھ کرے گا، اگر ہم اسے بیوقوف
سمجھیں گے تو وہ بھی کچھ نہیں کرے گا۔

شکریہ۔

عنبرین:

بہت شکریہ۔ مجھے معلوم ہے کہ اس ہال میں ابھی بھی بہت سے لوگ سوال کرنا
چاہتے ہیں، مگر وقت کی کمی کے باعث ہم صرف ایک آخری سوال لے سکتے ہیں۔
میزبان کا بھی ایک سوال تھا، ہم وہی آخری سوال لیں گے۔

آڈیئنس کا سوال:

کئی مرتبہ انسان دوسروں کو انکار نہیں کر پاتا، یعنی ''نہ'' نہیں کہہ سکتا۔ کیا آپ کے پاس کوئی ایسا طریقہ ہے جس سے انسان آرام سے ''نہ'' کہہ سکے اور دوسرے شخص کو بھی برا نہ لگے؟ اکثر لوگ ''نہ'' کرنے کو بدتمیزی سمجھتے ہیں۔

ڈاکٹر خالد سہیل:

میں اپنی طرف سے ایک مشورہ دے سکتا ہوں۔ ہم نے زبانی گفتگو کے علاوہ لکھنے کی بھی بات کی ہے۔ سب سے پہلے تو یہ دیکھنا چاہیے کہ یہ رشتہ آپ کے لیے کتنا ضروری ہے۔ ہر رشتے کے بارے میں اندازہ لگانا ہوتا ہے کہ یہ آپ کی زندگی اور خوشی کے لیے کتنا اہم ہے۔ میں اس کو ''اندرونی دائرہ'' Circleinner کہتا ہوں۔ ہر شخص آپ کے اندرونی دائرے میں نہیں آ سکتا، ہر کسی سے دوستی ممکن نہیں۔ اس دائرے میں کسی کو لانے کے لیے ''ہوم ورک'' کرنا پڑتا ہے، اور یہ ہوم ورک ایک بار ہی کرنا ہوتا ہے۔

اس ہوم ورک سے مراد یہ ہے کہ آپ کو یہ جاننا ہوگا کہ کون سی حدود ہیں جنہیں پار کرنے سے دوسرا شخص دُکھی ہوتا ہے۔ مثال کے طور پر، میرے ایک دوست ہیں، امیر حسین جعفری، جو ایک معروف شاعر کے بیٹے ہیں۔ جب وہ کینیڈا آئے تو میں ان کے گھر گیا، ان کی بیگم سے بھی ملا۔ دوسری یا تیسری ملاقات کے بعد میں نے بھابھی سے کہا کہ مجھے لگتا ہے کہ میری کچھ باتوں سے آپ کو تکلیف پہنچی ہے، کیا یہ ٹھیک ہے؟ انہوں نے تصدیق کی اور بتایا کہ انہیں علی اور حسین کے بارے میں کوئی نازیبا بات پسند نہیں، چاہے مجھے خدا اور مذہب پر یقین نہ ہو، مگر ان کے جذبات کا احترام ضروری ہے۔ میں نے وعدہ کیا کہ میں ان کے گھر میں کبھی علی اور حسین کا ذکر ایسے انداز میں نہیں کروں

گا جس سے انہیں تکلیف ہو۔ انہوں نے دس سال بعد جاتے ہوئے تصدیق کی کہ میں نے اپنا وعدہ پورا کیا۔ یہی ہوم ورک ہے، یعنی رشتوں میں حدود طے کرنا۔

بعض دفعہ دوستی میں تقریباً 90 فیصد گرین زون اور 10 فیصد ریڈ زون ہوتا ہے۔ ضروری ہے کہ آپ ریڈ زون کو پہچان کر اس دائرے سے علیحدہ کر دیں تاکہ پورا رشتہ خراب نہ ہو۔ مثال کے طور پر، اگر میں نے ایک دوست سے کہا کہ میری دو خواتین دوستوں کو گھر تک چھوڑ دو، اور راستے میں وہ ان سے نامناسب باتیں شروع کر دے تو میں اس پر کیسے اعتماد کروں گا؟ ایسے میں مَیں آگے سے کبھی اس سے یہ درخواست نہیں کروں گا۔ کچھ دوست ایسے ہیں جنہیں اگر پیسے دو تو وہ واپس نہیں کرتے، تو میں فیصلہ کرتا ہوں کہ آئندہ انہیں پیسے نہ دوں۔ کسی دوست کے ساتھ کبھی فلسطین یا اسرائیل پر بات نہیں ہو سکتی کیونکہ وہ اُلجھتے ہیں، تو میں اس موضوع سے گریز کرتا ہوں۔ کسی اور دوست کے ساتھ مذہب پر بحث نہیں ہوتی۔ اس طرح آپ ہر دوستی کا ہوم ورک کرتے ہیں، حدیں طے کرتے ہیں، تاکہ ریڈ زون آپ کے رشتوں پر حاوی نہ ہو۔

مختصراً، ''نہ'' کہنا سیکھنے کے لیے ضروری ہے کہ آپ اپنے تعلقات میں حدود طے کریں اور ان پر قائم رہیں۔ اس طرح دوسرا شخص بھی سمجھ جائے گا کہ یہاں تک ٹھیک ہے اور یہاں سے آگے نہیں۔

عنبرین:

بہت شکریہ۔ مجھے معلوم ہے کہ یہاں بہت سے لوگوں کے دِلوں میں مزید سوالات موجود ہوں گے، لیکن ہمارے پاس وقت محدود ہے۔ ہم پہلے ہی اپنے مقررہ وقت سے تقریباً ایک گھنٹہ دس منٹ آگے آ چکے ہیں۔ ڈاکٹر صاحب! آپ کے صبر کا شکریہ، اور حاضرینِ مجلس کا شکریہ کہ انہوں نے نہ صرف آپ کو توجہ سے سنا بلکہ بہترین

سوالات بھی کیے۔ اگر کسی کے ذہن میں مزید سوالات ہیں تو آپ انہیں ای میل کے ذریعے بھیج سکتے ہیں، یا ڈاکٹر صاحب کے کالم پر تبصرہ یا پیغام کے ذریعے اپنی رائے پہنچا سکتے ہیں۔ اگر آپ کو کسی بات سے اختلاف ہو یا کچھ پسند آئے تو ضرور آگاہ کریں۔

ڈاکٹر خالد سہیل:

میں آپ کی توجہ اور عزت افزائی کا دل کی گہرائیوں سے شکر گزار ہوں۔ عنبرین صاحبہ نے آج کے سیشن میں بہت اہم کردار ادا کیا ہے، اور ان کی میزبانی نے اس پروگرام کو کامیاب بنایا۔ میرے لیے یادیں تحفے کے مانند ہوتی ہیں، اس لیے آج کی یہ شام ایک خوبصورت یاد بن کر ہمیشہ میرے ساتھ رہے گی۔ مجھے خوشی ہے اگر میری کسی بات سے آپ کی مدد ہوئی ہے۔

آخر میں یہی کہوں گا کہ ''انٹیلی جنس ہمیں بتاتی ہے کہ کیا کرنا ہے، اور وزڈم (حکمت) ہمیں بتاتی ہے کہ کیا نہیں کرنا۔'' اگر آپ کے ذہن میں کوئی مشورہ یا سوال ہو تو مجھے ضرور ای میل کریں۔ آپ سب کا بہت شکریہ۔

☆......☆......☆

دوسرا انٹرویو

ڈاکٹر خالد سہیل: بطور فلاسفر ایک سفر

(نوٹ: ڈاکٹر خالد سہیل کے نوجوان دوست عمر فاروق نے بڑی محبت اور ریاضت سے اس ٹی وی انٹرویو کو قلمبند کیا ہے۔)

پاکستان ٹیلی ویژن کے پروگرام ''صدرنگ'' میں وجاہت مسعود کا ڈاکٹر خالد سہیل سے انٹرویو

مارچ 2023

تعارف:

یہ انٹرویو ڈاکٹر خالد سہیل کی زندگی، تجربات اور فلسفیانہ سفر کے مختلف پہلوؤں پر روشنی ڈالتا ہے۔ انٹرویو کا آغاز ان کے بچپن اور پشاور میں ان کی بنیادی تعلیم کے حوالے سے سوالات سے ہوتا ہے، جہاں وہ شاعروں اور فلسفیوں کے علمی ماحول میں پروان چڑھے۔ پشاور کے 1974 کے سماجی اور سیاسی حالات پر ان کی عمیق نظر اور ان کے تاثرات اس گفتگو کو مزید گہرائی عطا کرتے ہیں۔

انٹرویو میں ڈاکٹر خالد سہیل کے ایک میڈیکل ڈاکٹر سے ماہرِ نفسیات بننے کے سفر کو بھی تفصیل سے بیان کیا گیا ہے، جس میں ان کے پیشہ ورانہ اور فکری ارتقاء کا جائزہ لیا گیا ہے۔ گفتگو کے اگلے حصے میں مختلف فلسفیوں اور مفکرین کے نظریات اور ان کے

ڈاکٹر سہیل کے طرزِ فکر پر اثرات کا تجزیہ کیا گیا ہے، جن میں وکٹر فرانکل، ولیم رائخ اور ایذرا پاؤنڈ شامل ہیں۔

اس گفتگو کی ایک اور اہم جہت ان کے ایران میں قیام اور انقلابِ ایران سے قبل کے حالات کے مشاہدات پر مشتمل ہے۔ ڈاکٹر خالد سہیل نے پیش از انقلاب ایران میں اپنے قیام کے دوران کے تجربات اور وہاں کی سماجی و سیاسی صورتحال کا گہرا مشاہدہ کیا، جسے وہ اس انٹرویو میں تفصیل سے بیان کرتے ہیں۔ ان کی یہ یادیں سامعین کو انقلابِ ایران سے پہلے کے پیچیدہ حالات کو ایک چشم دید گواہ کی نظر سے دیکھنے کا موقع فراہم کرتی ہیں۔

یہ مکالمہ نہ صرف فلسفیانہ موضوعات کو سمجھنے کا موقع فراہم کرتا ہے بلکہ ان نظریات کو روزمرہ زندگی کے مسائل، انسانی رویوں اور تاریخ کے اہم واقعات کے ساتھ جوڑنے کی ایک خوبصورت کوشش بھی ہے۔ اس گفتگو کی خصوصیت یہ ہے کہ یہ فلسفے اور تاریخی تجربات کو عام فہم انداز میں پیش کرتی ہے، جو ہر قاری کے لیے قابلِ فہم اور دلچسپ ہے۔

ooo

وجاہت مسعود:

آداب! پاکستان ٹیلی ویژن کے پروگرام 'صد رنگ' میں مَیں آپ کا میزبان وجاہت مسعود آپ کی خدمت میں حاضر ہوں۔ آج ہم آپ کی ملاقات کروا رہے ہیں ایک نابغۂ روزگار ہستی سے۔ شاعر، افسانہ نگار، دانشور، فلسفی، ماہرِ نفسیات، کالم نگار، ادبی نقاد محترم جناب ڈاکٹر خالد سہیل صاحب سے۔ ڈاکٹر خالد سہیل پچھلے چار عشروں سے بیرونِ ملک مقیم ہیں لیکن اپنے قلم سے، اپنے لفظ سے وہ اپنی زمین کے لوگوں سے جُڑے

ہوئے ہیں اور ہماری خوش قسمتی ہے کہ وہ پاکستان تشریف لائے اور ہم نے کسی طرح انہیں آمادہ کرلیا کہ وہ ہمارے پروگرام کو عزت بخشیں۔ ڈاکٹر صاحب آداب!

ڈاکٹر خالد سہیل:

آپ کا بہت بہت شکریہ۔

وجاہت مسعود:

ڈاکٹر خالد سہیل! آپ کے آباؤاجداد کا تعلق امرتسر سے تھا، آپ کراچی میں پیدا ہوئے لیکن آپ کا بچپن اور نوجوانی زیادہ تر کوہاٹ اور پشاور میں گزری۔ اس وقت کا پشاور ایک منفرد شہر تھا، ایک طرف گیریژن سٹی، ہنٹر بیفز اور پنیر کا کلچر اور دوسری طرف نمک منڈی، ڈبگری بازار اور پشاور کی اپنی خاص ثقافت۔ ہمیں اُس دَور کے پشاور کے بارے میں کچھ بتائیے، خاص طور پر 1974ء تک جس پشاور کو آپ نے دیکھا، اس کے بارے میں اپنے تاثرات شیئر کریں۔

ڈاکٹر خالد سہیل:

بہت حسین یادیں ہیں وجاہت صاحب۔ میں نے ہائی اسکول وہیں سے کیا، پھر ایڈورڈز کالج اور خیبر میڈیکل کالج سے تعلیم حاصل کی۔

پشاور کا ماحول اس وقت بہت آرام دہ، دوستانہ اور انجوائے کرنے والا تھا۔ ایڈورڈز کالج کے پرنسپل فل ایڈمنڈز ایک مثالیت پسند شخصیت تھے۔ وہ خود خاکی پتلون اور سفید قمیض پہنتے تھے اور طلبہ کو بھی یونیفارم پہننے کی ترغیب دیتے تھے۔

ادبی ماحول بھی اس وقت کا ایک اہم پہلو تھا۔ احمد فراز، محسن احسان، خاطر غزنوی اور فارغ بخاری جیسے شعراء پشاور کے ادبی حلقوں کی جان تھے۔ میں

میڈیکل کالج کے طلبہ کی سرگرمیوں میں بھرپور حصہ لیتا تھا۔ ہمارے کالج کا میگزین "سینا" کہلاتا تھا، جو بو علی سینا کے نام پر تھا، اور میں اس کے اُردو سیکشن کا ایڈیٹر تھا۔

اس وقت کا ماحول بہت خوشگوار اور آرام دہ تھا۔ احمد فراز اور محسن احسان ہم طلبہ سے بہت شفقت سے پیش آتے تھے اور ہماری حوصلہ افزائی کرتے تھے۔

میری زندگی کا ایک اہم لمحہ اس وقت آیا جب میں نے گائنا کولوجسٹ بننے کا سوچا۔ میں نے زنانہ اسپتال میں ہاؤس جاب کے لیے اپلائی کیا۔ وہاں کے ایڈمنسٹریٹر نے کہا: "آپ لیبر روم میں کام کرنا چاہتے ہیں؟" اور ساتھ ہی یہ بھی کہا کہ اس اسپتال میں 75 سال کی تاریخ میں کوئی مرد ہاؤس جاب نہیں کر چکا۔ میں نے جواب دیا: "کیا اس کا مطلب ہے کہ آئندہ 75 سال میں بھی کوئی نہیں کرے گا؟"

یہ میرے لیے ایک منفرد تجربہ تھا۔ پٹھانوں کے ماحول میں ان خواتین کے ساتھ کام کیا جو مرد ڈاکٹروں سے علاج نہیں کروانا چاہتی تھیں۔ تب مجھے اندازہ ہوا کہ یہ فیلڈ میرے لیے موزوں نہیں ہے، اور اسی وقت میں نے نفسیات کے میدان کا انتخاب کیا۔

اوور آل پشاور میں شام کے وقت دوستوں کے ساتھ گپ شپ، گھومنا پھرنا، اور ایک فعال سماجی و ادبی زندگی گزارنا میرے لیے بہت خوشگوار تجربہ تھا۔

سیاسی ماحول بھی اس وقت دلچسپ تھا۔ میں نے پہلی بار پشاور میں ذوالفقار علی بھٹو اور باچا خان کی تقریریں سنیں۔ خاص طور پر باچا خان، جنہیں کابل سے ایک ٹرک پر بٹھا کر لایا گیا تھا، بظاہر انتہائی نحیف نظر آنے والے باچا خان نے جب تقریر شروع کی تو ان کی ولولہ انگیز تقریر نے حاضرین کو متاثر کیا۔

میرے پشاور کے دن بہت سی خوشگوار ادبی، سماجی اور سیاسی یادوں سے بھرپور ہیں۔

وجاہت مسعود:

مجھے تو عہد کا آشوب کر گیا پتھر
میں درد مند کہاں درد آشنا بھی نہیں

یہ شعر عارف عبدالمتین کا ہے، جو اُردو کے صفِ اوّل کے شاعر اور آپ کے حقیقی چچا تھے۔ آپ نے ان پر ایک کتاب بھی لکھی، لیکن اس سے پہلے انہوں نے اپنا ایک مجموعۂ کلام آپ کے نام ڈیڈیکیٹ کیا۔ اگر میں غلط نہیں ہوں تو آپ کے والد محترم پروفیسر عبدالباسط ریاضی کے استاد تھے، اور عارف صاحب سول لائنز میں اسلامیات کے استاد تھے۔ لیکن ان دونوں شخصیات میں ایک خاص رُوحانی عنصر بھی شامل تھا۔ آپ کا ان سے رہنمائی کا، ان سے سیکھنے کا اور ان سے متاثر ہونے کا تجربہ کیسا رہا؟ ہمیں عارف عبدالمتین صاحب کے بارے میں بتائیے۔ ان کی صحبت کا آپ کی شخصیت پر کیا اثر ہوا؟

ڈاکٹر خالد سہیل:

ان کی شخصیت میں بہت شفقت، محبت اور اپنائیت تھی۔ خاص طور پر جب میں پشاور سے گرمیوں کی چھٹیوں میں لاہور آتا تھا تو میری نانی اماں چار مزنگ روڈ پر رہتی تھیں، اور چچا جان ان دنوں چشتیہ ہائی اسکول میں ہوتے تھے۔ وہ بعد میں اسلامیات کے پروفیسر بنے لیکن پہلے وہ ہائی اسکول میں سائنس کے استاد تھے۔

مجھے یاد ہے کہ میں مزنگ روڈ سے چشتیہ ہائی اسکول ان سے ملنے جایا کرتا تھا۔ چونکہ میرا سال، دو سال کے بعد آنا ہوتا تھا، اس دوران میں اپنے ذہن میں مسلسل سوالات سوچتا رہتا تھا کہ چچا جان سے کیا پوچھنا ہے۔ ایک مثال دیتا ہوں: جب میں ٹین ایجر تھا، تو میں نے ان سے پوچھا کہ لوگ خودکشی کیوں کرتے ہیں؟ انہوں نے بڑے سکون سے جواب دیا اور جرمن فلسفی شوپنہار کا ذکر کیا، جسے میں اس وقت نہیں جانتا

تھا۔ انہوں نے شوپنہار کی یہ بات سنائی:

"When the horror of living outweighs the horror of dying, people commit suicide."

''جب زندگی اتنی دہشت زدہ ہوجائے کہ موت کا خوف بھی اس کے سامنے ماند پڑ جائے، تو لوگ زندگی سے بھاگ کر موت کو قبول کر لیتے ہیں۔''

وجاہت صاحب، ان کے اندر ایک خاص قسم کی حکمت اور اپنائیت تھی۔ انہوں نے ہمیشہ مجھے inspire کیا اور encourage کیا۔ جو بھی سوال میں ان سے کرتا، انہوں نے کبھی مجھے بچے کی طرح treat نہیں کیا۔

ایک دلچسپ واقعہ یاد آتا ہے: جب وہ ایک بار پشاور آئے، تو میری والدہ نے ان سے کہا کہ خالد اب صرف پڑھتا نہیں، بلکہ لکھنے بھی لگا ہے، افسانے اور شاعری کرتا ہے۔ وہ مجھے گرینز ہوٹل، صدر لے گئے اور میرے ساتھ ایک رائٹر کی طرح برتاؤ کیا۔ انہوں نے مجھے بچے کی طرح نہیں، بلکہ ایک تخلیق کار کی طرح treat کیا۔

انہوں نے مجھے یہ تصور دیا جو آج بھی میری زندگی کا حصہ ہے:

''ہر معاشرے میں دو طرح کے لوگ ہوتے ہیں۔ ایک روایتی گروہ جو روایت کی شاہراہ پر چلتا ہے، اور دوسرا اقلیتی گروہ جو اپنے من کی پگڈنڈی پر چلتا ہے۔ یہ دوسرے لوگ شاعر، ادیب، دانشور اور انٹلکچولز ہوتے ہیں، لیکن انہیں اس راستے پر چلنے کی بڑی قیمت چکانی پڑتی ہے۔''

انہوں نے مجھے مشورہ دیا کہ یہاں ایم بی بی ایس مکمل کریں اور پھر کسی مغربی ملک جیسے نیوزی لینڈ، آسٹریلیا، کینیڈا یا امریکہ چلے جائیں۔ وہ ہمیشہ میری تخلیقی صلاحیتوں کی تعریف کرتے تھے اور سنجیدہ مکالمے کا سلیقہ میں نے ان سے سیکھا۔

ان کا پہلا دور ترقی پسند تحریک کے ساتھ وابستہ تھا، اور ان کے اشعار مجھے آج

بھی یاد ہیں:

"چلی جو بادِ حوادث تو دل نے تن کے کہا
یہ شاخ ٹوٹ تو سکتی ہے جھک نہیں سکتی"

عارف صاحب کی صحبت میں میں نے بہت کچھ سیکھا۔ انہوں نے میرے اندر غیر روایتی سوچ اور خودداری کے بیج بوئے۔ وہ ایک دانا، شفقت سے بھرپور شخصیت کے مالک تھے، اور ان کے ساتھ عمر بھر کا مکالمہ میرے لیے ایک قیمتی سرمایہ رہا۔

وجاہت مسعود:

یہ بڑے لوگوں کا نشان ہوتا ہے کہ وہ اپنے ساتھ والوں کا خیال رکھتے ہیں، اور انہیں یہ احساس نہیں ہونے دیتے کہ وہ کم علم ہیں۔ وہ خود کو ان کے مرتبے کے برابر لے آتے ہیں۔ ڈاکٹر خالد سہیل صاحب، ایران ہمارا ہمسایہ ملک ہے اور ہمارے ملک ہی کی طرح ایک طویل عرصے سے وہ بھی بہت سے اتار چڑھاؤ سے گزر رہا ہے۔ آپ ایران کی تاریخ کے ایک نہایت اہم موڑ پر، اگر میں غلطی پر نہیں ہوں تو آپ شاید سنہ پچھتر، چھہتر یا ستتر میں وہاں مقیم رہے۔ اس وقت تو کسی کو معلوم نہیں تھا کہ زیرِ زمین کیا آتش فشاں پل رہے ہیں، لیکن تقویمی طور پر ایران کی بادشاہت اپنے اختتام کو پہنچ رہی تھی، اور وہاں ایک نیا زمانہ شروع ہو رہا تھا۔ آپ کا ایران کے کس شہر میں قیام رہا؟ آپ کی مصروفیات کیا تھیں؟ آپ نے ایرانی معاشرے کا کیا مشاہدہ کیا؟ اور اس سب کے بارے میں بتائیے جو آپ نے ایران میں دیکھا۔

ڈاکٹر خالد سہیل:

وجاہت صاحب! میں نے 1975 میں ہاؤس جاب مکمل کی، اور کینیڈا یا

83

امریکہ جانے کا سوچ رہا تھا۔ 1976 میں تہران گیا اور چند مہینے وہاں قیام کیا۔ بعد میں مجھے ایک درمیانے درجے کے شہر ہمدان میں ایک بچوں کے کلینک میں کام کرنے کا موقع ملا، جہاں میں تقریباً ایک سال رہا۔ میری خوش قسمتی یہ تھی کہ میرے کلینک کی کھڑکی سے مجھے بوعلی سینا کا مزار اور لائبریری نظر آتی تھی۔ میں وہاں کئی بار گیا۔ لائبریری کی بیسمنٹ میں زیادہ تر کتابیں فارسی میں تھیں، لیکن چند انگریزی کتابیں بھی موجود تھیں۔ میں نے موہن داس گاندھی کی آٹو بائیوگرافی پہلی بار وہیں پڑھی۔

ایران میں ایک دلچسپ بات یہ تھی کہ شاہ کے دور میں، لوگ سیاست پر بات نہیں کرتے تھے۔ نہ کوئی شاہ کا نام لیتا تھا، نہ ہی کوئی سیاسی بحث ہوتی تھی، جیسا کہ پاکستان میں ہم سیاسی جماعتوں کے بارے میں کُھل کر بات کرتے ہیں۔ میں نے ایک دن اپنی نرس، جو کہ میری بے تکلف دوست تھیں، سے پوچھا کہ یہاں سیاست پر بات کیوں نہیں ہوتی؟ انہوں نے بتایا کہ ایران میں ایک سیکرٹ ایجنسی 'ساواک' کا خوف ہے۔ ان کا کہنا تھا کہ ہر پانچواں شخص 'ساواک' کا رکن ہے۔ اگر دس لوگ کھانے کے لیے اکٹھے ہوں، تو دو لوگ ایجنسی کے لیے کام کرتے ہیں۔

انہوں نے مجھے بتایا کہ ان کے بھائی، جو تھوڑے بہت سیاست میں ملوث تھے، ایک بار تہران گئے اور پھر کبھی واپس نہیں آئے۔ پانچ سال گزر چکے تھے، لیکن ان کا کوئی اتا پتا نہیں تھا کہ وہ زندہ ہیں، جیل میں ہیں یا فوت ہو چکے ہیں۔ یہ خاموشی، جو ظاہری طور پر پُرامن تھی، دراصل ایک زیرِ زمین طوفان کی علامت تھی۔

ایران میں آرٹ، موسیقی، اور تخلیق کا ماحول بہت مضبوط تھا۔ اُس دَور کی مشہور گلوکارہ گوگوش اور گلوکار داریوش کے گانے بہت ادبی اور تخلیقی تھے، جیسے ''برادر جان۔'' ان گانوں میں کوئی عامیانہ پن نہیں تھا، بلکہ فارسی زبان کے سحر اور تخلیقی اظہار کی جھلک تھی۔ ایران میں بول چال بھی نہایت دلکش اور تخلیقی تھی۔ مثلاً، شکریہ کہنے

کے بجائے لوگ کہتے تھے: ''سایت کم نشئے'' (آپ کا سایہ سلامت رہے) یا ''دست شما درد نہ کند'' (آپ کے ہاتھ کو درد نہ ہو)۔

ہمدان میں ایک ماہ کے دوران، میں نے ستار سیکھنے کا شوق پیدا کیا۔ میرے ستار کے استاد سے جب ایران کے سیاسی حالات کے بارے میں بات ہوئی، تو انہوں نے کہا: ''اگر ایران میں انقلاب آیا، تو اگلے دو سالوں میں آئے گا۔'' انہوں نے بتایا کہ شاہ کے والد نے 21 سال کی عمر میں شاہ کو حکومت دی تھی، اور اب ان کا بیٹا 19 سال کا ہو چکا تھا۔ جب وہ 21 سال کا ہوگا، تو اس وقت پاور ٹرانسفر ہوگی، اور شاید یہی وقت انقلاب کا ہوگا۔ میں نے اس پیشگوئی کو سنجیدہ نہیں لیا، لیکن جب 1979 میں خمینی کا انقلاب آیا، تو مجھے ان کی بات کی صداقت کا احساس ہوا۔

ایران میں میرا ڈیڑھ سال کا قیام ایک نہایت معنی خیز تجربہ تھا۔ میں نے فارسی شاعری پڑھی اور سیکھی، اور اس وقت میں فارسی روانی سے بول سکتا تھا۔ لیکن اب وہ عادت کم ہو چکی ہے۔

ایک وقفے کے بعد، ہم دوبارہ ڈاکٹر خالد سہیل کے ساتھ گفتگو کا آغاز کریں گے۔ آپ ہمارے ساتھ رہیے گا۔ یہ تھا پاکستان ٹیلی ویژن کے پروگرام ''صد رنگ'' میں آج کا خصوصی انٹرویو۔

وجاہت مسعود:

میں ایک بار پھر آپ کو خوش آمدید کہتا ہوں۔ ہم گفتگو کر رہے ہیں ممتاز دانشور، شاعر، فلسفی، ماہرِ نفسیات، محترم جناب ڈاکٹر خالد سہیل صاحب سے۔ ڈاکٹر صاحب، آپ نے ایران کے حوالے سے جو مشاہدات ہمارے ساتھ شیئر کیے، ان میں ایک بات بہت دلچسپ لگی کہ وہاں لوگوں میں بات کرنے کی ہمت نہیں تھی، ایک خاموشی

چھائی ہوئی تھی جو کسی طوفان کا پیش خیمہ معلوم ہوتی تھی۔ ہمارے ملک میں، چاہے کیسا بھی زمانہ رہا ہو، لوگوں کے اندر اپنی سیاسی رائے ہوتی ہے اور وہ اس پر کُھل کر بات کرتے ہیں۔ میں سمجھتا ہوں کہ یہ ہمارے معاشرے کی توانائی ہے۔ اس میں خیر کے پہلو بھی ہیں۔

یہاں مجھے ایک سوال یاد آیا جس میں میری خاص دلچسپی ہے : ریاست اور شہریوں کے تعلقات اور ان کی حرکیات کیا ہوتی ہیں؟ سٹالن کے عہد کی مستند تاریخ Cultural Life Under Joesph Stalin کا ٹائٹل Whisperers یعنی ''سرگوشیاں کرنے والے '' ہے۔ سرگوشی خوف کی علامت ہے، جب کہ بلند آواز میں کھل کر بات کرنا معاشرے میں خوداعتمادی کا نشان ہوتا ہے۔

ڈاکٹر صاحب! آپ نے خیبر میڈیکل کالج سے ایم بی بی ایس کیا، گائناکولوجی میں ہاؤس جاب کی، اور سرجری اور دوا کی دنیا سے انسانی نفسیات کا سفر اختیار کیا۔ پھر آپ نے کینیڈا کی میموریل یونیورسٹی سے سائیکیٹری میں ایف آر سی پی کی، جو ایک بہت بڑا قدم تھا۔ یہ سفر کیسے طے ہوا؟ آپ کی نفسیات میں دلچسپی کے پس پردہ کیا محرکات تھے؟

ڈاکٹر خالد سہیل :

یہ آپ کا سوال بہت گہرا اور دلچسپ ہے، اور اس کا جواب دینے کے لیے مجھے اپنی تحلیل نفسی کرنی پڑتی ہے۔ پہلا فیکٹر، جو شاید لاشعوری تھا، میرے والد کے نفسیاتی بحران سے جُڑا ہوا ہے۔ میں اس وقت دس سال کا تھا، اور میرے والد صاحب کوہاٹ میں ریاضی کے لیکچرر تھے۔ اس دوران وہ ایک سال تک ایک نفسیاتی بحران سے گزرے۔ میں نے انہیں دیکھا کہ وہ گھنٹوں ایک ہی جگہ کھڑے رہتے، جیسے کسی

86

کیٹاٹانک کیفیت میں ہوں۔ وہ ستاروں سے باتیں کرتے اور ان کا رویہ بالکل غیر معمولی تھا۔

جب ہم انہیں کوہاٹ سے لاہور لے گئے، تو ان کے لیے مزنگ میں ایک علیحدہ کمرہ مختص کر دیا گیا، جہاں خالہ اور ماموں ان کا خیال رکھتے تھے۔ میرے لیے یہ سب ایک گہری تجسّس کی بات تھی کہ نفسیاتی بحران کیا ہوتا ہے؟ فیملی کا ماننا تھا کہ یہ نروس بریک ڈاؤن تھا، لیکن والد صاحب کے مطابق یہ ایک روحانی بریک تھرو تھا۔ یہ سوال ہمیشہ میرے ذہن میں رہا کہ کیسے ایک شخص، جو سوٹ پہنتا تھا، کلین شیو تھا اور ایک برٹش ریاضی دان کی طرح نظر آتا تھا، اچانک داڑھی رکھ کر صوفی بن گیا؟

بعد میں، مجھے یہ بھی پتا چلا کہ میرے ددھیال میں نفسیاتی مسائل کا ایک سلسلہ تھا۔ میرے والد کے علاوہ عارف چچا بھی ڈپریشن کا شکار رہے۔ انہوں نے امریکہ میں مجھ سے، بطور سائیکاٹرسٹ، کنسلٹ کیا اور بتایا کہ ڈاکٹر نے انہیں پروزیک تجویز کی ہے۔ میرے دادا اور ایک پھوپھی بھی نفسیاتی مسائل کا شکار رہتے تھے۔ اس سب نے میرے اندر یہ احساس پیدا کیا کہ جینیاتی طور پر میرے ددھیال میں نفسیاتی عوارض کا تسلسل موجود تھا۔

دوسری وجہ میرا مطالعہ اور ادب سے لگاؤ تھا۔ میں پشاور کی لائبریریوں میں گھنٹوں گزارا کرتا تھا۔ ایک دن مجھے سگمنڈ فرائیڈ کی تخلیقات پر مبنی ایک ہزار صفحے کی اردو کتاب ملی۔ اس کتاب نے میرے ذہن میں انسانی نفسیات کی گتھیوں کو سلجھانے کا شوق پیدا کیا۔

تیسری بات، میری والدہ کی خواہش تھی کہ میں ڈاکٹر بنوں، جب کہ میرا رجحان ادب، فلسفہ اور شاعری کی طرف تھا۔ والدہ کہتی تھیں: ’’بیٹا! شاعر خواب بیچتے ہیں، لیکن

خواب کوئی خریدتا نہیں۔ تم ڈاکٹر بنو تاکہ تمہارا سوشل اسٹیٹس اور مالی استحکام رہے۔'' میں نے ایم بی بی ایس مکمل کیا، لیکن میرے اندر ہمیشہ یہ خواہش رہی کہ انسانی نفسیات کو سمجھوں۔

جب میں نے غور کیا، تو محسوس کیا کہ سائیکاٹری میرے لیے بہترین شعبہ ہے، جہاں میڈیسن، فلسفہ اور نفسیات کا حسین امتزاج موجود ہے۔ اس شعبے میں مجھے انسانوں کی شخصیت کو گہرائی سے جاننے کا موقع ملا۔

میں نے خاص طور پر تخلیقی لوگوں کی زندگیوں کا مطالعہ کیا۔ ورجینیا وولف، سیلویا پلاتھ، وین گو، کافکا اور مشرق میں میر تقی میرؔ جو نفسیاتی مسائل کا شکار تھے۔ میر تقی میرؔ کے بارے میں علی سردار جعفری نے لکھا کہ وہ چند ماہ کے لیے ''زندانی و زنجیری'' ہو گئے تھے۔

میں نے محسوس کیا کہ تخلیقی افراد، خاص طور پر شاعر اور ادیب، اگر روایتی ماحول میں رہیں تو اکثر ذہنی بحران کا شکار ہو جاتے ہیں۔ بعض اوقات، یہ لوگ ایڈکشنز کا شکار ہو جاتے ہیں، جیسے کہ منٹو یا مصطفی زیدی، جن کی زندگیاں مختصر تھیں۔

میں سمجھتا ہوں کہ نفسیات اور ادب کے درمیان ایک گہرا تعلق ہے۔ نفسیات میں ادبی گہرائی موجود ہے اور ادب میں نفسیاتی پہلو۔ یہی وہ پل ہے جس نے مجھے نفسیات کے شعبے کی طرف راغب کیا، اور میری دلچسپی وقت کے ساتھ بڑھتی چلی گئی۔

وجاہت مسعود:

ڈاکٹر صاحب، ہم گفتگو کر رہے تھے کہ تخلیقی ذہن عام روزمرہ کی زندگی اور اوسط درجے کی زندگی کے ساتھ مطابقت میں اکثر ایک بحران کا شکار ہو جاتا ہے، جو نفسیاتی عوارض کو جنم دیتا ہے۔

ڈاکٹر خالد سہیل:

اس حوالے سے عارف عبدالمتین کا ایک شعر بہت گہرا ہے، جو میرے لیے انسائیٹ فل رہا۔ وہ کہتے ہیں:

''میری عظمت کا نشان میری تباہی کی دلیل
میں نے حالات کے سانچوں میں نہ ڈھالا خود کو''

یہ جو ''من کی پگڈنڈی'' ہے، یہ ایک ایسا راستہ ہے جو آزمائشوں اور چیلنجز سے بھرا ہوا ہے۔ جن لوگوں کی شخصیت مضبوط ہو اور جن کا سپورٹ نیٹ ورک مستحکم ہو، وہ اس دریا کو پار کر لیتے ہیں، لیکن کچھ لوگوں کو اس راستے پر چلتے ہوئے بے حد مشکلات کا سامنا کرنا پڑتا ہے۔

وجاہت مسعود:

بجا فرمایا آپ نے۔ سچ بات تو یہ ہے کہ تخلیق کی یہ آزمائش زندگی کو معنی دیتی ہے، اور اس کے بغیر زندگی بے رُوح محسوس ہوتی ہے۔ ڈاکٹر صاحب! آپ کے موضوعات کی رینج بے حد وسیع ہے۔ شاعری، فلسفہ، ناول، نفسیات، سائنس، مذہب، سیاسی اور ادبی تنقید، اور آپ ایک کامیاب ماہر نفسیات بھی ہیں۔ اتنا کام آپ کیسے کر لیتے ہیں؟

ڈاکٹر خالد سہیل:

وجاہت صاحب، یہ ایک بہت اہم سوال ہے، اور اس کے پیچھے میری زندگی کے کچھ خاص فیصلے اور ترجیحات کارفرما ہیں۔ نوجوانی میں مجھے اندازہ ہوا کہ فیملی کا ادارہ، یعنی بیوی، بچے، اور خاندان، ایک ادیب یا شاعر کی زندگی کا بہت بڑا وقت اور توانائی کھا جاتا ہے۔ فیملی ایک فل ٹائم جاب ہے، اور تخلیقی کام بھی فل ٹائم جاب ہے۔

اسی لیے میں نے یہ فیصلہ کیا کہ میں شادی نہیں کروں گا اور بچے پیدا نہیں کروں گا۔ اس فیصلے کی ایک وجہ یہ بھی تھی کہ میں جانتا تھا کہ میرے ددھیال کی جینز میں نفسیاتی عوارض کا تسلسل موجود ہے، اور مجھے خوف تھا کہ اگر میرے بچے ہوئے، تو ان میں سے کچھ کو یہ مسائل لاحق ہو سکتے ہیں۔

اس فیصلے نے مجھے دو بڑے فائدے دیے۔ پہلا یہ کہ مجھے اپنی تخلیقی سرگرمیوں کے لیے مکمل یکسوئی اور تنہائی ملی جو تخلیقی کام کے لیے بے حد ضروری ہے۔ دوسرا یہ کہ چونکہ میری اپنی بلڈ فیملی نہیں تھی اور میں کینیڈین امیگرنٹ تھا، اس لیے مجھے موقع ملا کہ میں اپنی ''دل کی فیملی یعنی فیملی آف دی ہارٹ'' تخلیق کروں جو ادیبوں، شاعروں اور دانشوروں پر مشتمل ہے۔

میری کئی کتابیں مشترکہ تصنیف کا نتیجہ ہیں۔ جیسے کہ میں نے ایک کتاب جاوید دانش کے ساتھ لکھی اور حال ہی میں رابعہ لربا کے ساتھ ایک کتاب مکمل کی۔ میں نے ادبی حلقوں میں مشترکہ کام کرنے کی روایت کو آگے بڑھایا۔ فلموں میں تو یہ عام بات ہے کہ ڈائریکٹر، پروڈیوسر اور ادا کار مل کر کام کرتے ہیں، لیکن ادب میں یہ تصور زیادہ عام نہیں۔

میری یہ بھی کوشش رہی کہ عالمی ادب کے تراجم اردو میں ہوں۔ میں ایک موضوع چنتا، جیسے بلیک لٹریچر، فیمینزم، فلسفہ، یا نفسیات اور پھر اپنے دوستوں کو اس میں شامل کرتا۔ میں ان سے کہتا کہ اگر میں اکیلے یہ کام کروں گا، تو تین چار سال لگ جائیں گے، لیکن اگر آپ سب مل کر کام کریں، تو ہم یہ ایک سال میں مکمل کر سکتے ہیں۔

اس کولیبریٹیو ورک نے بھی مجھے بہت زیادہ کام کرنے میں مدد دی۔ میری ایک کتاب اسرائیل اور فلسطین کے ادب پر ہے، جس کا نام ''ایک باپ کی اولاد'' ہے۔

اس طرح، میرے لیے عالمی ادب کو پڑھنے، سمجھنے، اور اردو میں پیش کرنے کے مواقع بڑھتے گئے۔

آہستہ آہستہ میں نے اپنی تخلیقی شخصیت کو سمجھا۔ میں نے محسوس کیا کہ میری تخلیقی سرگرمیاں وقت کے ساتھ "کریٹیوریں" سے "کریٹیوسپرنگ" میں بدل گئیں۔ پہلے کبھی کبھار غزل یا افسانہ ہوتا تھا، پھر لمبی خشک سالی، لیکن وقت کے ساتھ یہ تسلسل بن گیا۔

میں نے ایک روٹین بنائی: صبح دو گھنٹے لکھنا، شام کو عالمی ادب پڑھنا اور مریضوں کے ساتھ کام کے دوران نفسیاتی پہلوؤں کو نوٹ کرنا۔ یہ سب مل کر میرے تخلیقی بہاؤ کو جاری رکھتے ہیں۔

میں خود حیران ہوں کہ چھ سال میں چھ سو کالم لکھے۔ یہ میرے لیے ایک فطری بہاؤ کی طرح ہے، اور میں اس پر خود کو خوش نصیب سمجھتا ہوں۔

وجاہت مسعود:

آپ نے بجا فرمایا ڈاکٹر صاحب۔ آپ شاعری سے شروع ہوئے، اردو میں افسانے لکھے، پھر ایک عرصہ ایسا آیا جس میں آپ کی زیادہ تخلیقات انگریزی میں سامنے آئیں۔ اس کے بعد آپ دوبارہ اردو کی طرف پلٹے۔ اب آپ زیادہ comfortable کہاں محسوس کرتے ہیں؟ انگریزی میں یا اردو میں؟

ڈاکٹر خالد سہیل:

جیسا کہ میں نے ذکر کیا، جب سے میں نے "ہم سب" (ایک آن لائن اُردو اخبار) پر لکھنا شروع کیا ہے، یہ کالموں کا ایک مستقل سلسلہ بن گیا ہے۔ شاعری اب بہت کم ہوگئی ہے۔ افسانے بھی کبھی کبھار لکھتا ہوں، اور انگریزی کے جو پروفیشنل آرٹیکلز

ہیں، وہ بھی کم ہو چکے ہیں۔

''ہم سب'' کے کالموں نے مجھے ایک منفرد موقع فراہم کیا۔ ان میں مجھے اپنے اندر کے افسانہ نگار، شاعر، نفسیات کے طالب علم، اور فلسفے کے طالب علم کو یکجا کرنے کا موقع ملا۔ یہ میرے لیے ایک نیا تجربہ تھا اور سچ کہوں تو میں نے اسے بے حد انجوائے کیا۔ یہ میرے لیے خود بھی حیران کن تھا۔

ایک اور بات، جو میرا ذاتی مشاہدہ ہے اور شاید سائنسی طور پر قابلِ قبول نہ ہو، یہ ہے کہ میں چوبیس برس کی عمر میں کینیڈا آگیا۔ وہاں چوبیس برس گزارنے کے بعد، جب میری عمر اڑتالیس یا پچاس کے قریب تھی، مجھے لگا کہ میرا کینیڈا کا قیام پاکستان کے قیام سے زیادہ ہو گیا ہے۔

مجھے ایک واقعہ یاد آتا ہے: میں نارتھ میں اپنے ایک دوست سے ملنے گیا تھا، وہاں میں نے کچھ وقت گزارا اور ایک ڈاکیومنٹری دیکھی تھی، جو ٹارٹلز کے بارے میں تھی۔ واپسی پر، دو گھنٹے کے سفر کے بعد، جیسے ہی میں گھر پہنچا، میرے اندر ایک تخلیقی فلو تھا۔ میں نے کوٹ اور جوتے تک نہیں اتارے اور فوراً لکھنا شروع کر دیا۔

وہ ایک انگریزی افسانہ تھا، تقریباً دس صفحات پر مشتمل۔ یہ ایک نیچرل بہاؤ تھا، کوئی شعوری کوشش نہیں تھی۔ اس لمحے مجھے احساس ہوا کہ میں لاشعوری طور پر انگریزی میں سوچنے لگا ہوں اور میرے تخلیقی خیالات انگریزی میں ظاہر ہونے لگے ہیں۔ اس وقت نظم، افسانے، اور مضامین سب انگریزی میں لکھے۔

تقریباً دس سے پندرہ سال میں نے مستقل انگریزی میں لکھا۔ یہ ایک دور تھا، جیسے شاعری یا افسانہ نگاری کے ادوار ہوتے ہیں۔ لیکن پچھلے چھ سے سات برسوں سے میری تحریروں کی زبان اردو ہے۔

بات صرف زبان کی نہیں، بلکہ اس تخلیقی انضمام کی ہے، جو مجھے ہم سب کے کالموں کے ذریعے ملا۔ ان کالموں میں مجھے اپنی مختلف دلچسپیاں یکجا کرنے کا موقع ملا، اور میں نے اس تجربے کو بے حد انجوائے کیا۔

یہ تجربہ میرے لیے ایک تخلیقی سفر کی طرح ہے، جس میں مَیں نے زبان اور اظہار کے مختلف پہلوؤں کو ایک نئے انداز میں محسوس کیا۔ میری اردو اور انگریزی دونوں میں لکھنے کی خواہش، درحقیقت، میری زندگی کے مختلف ادوار کا عکاس ہے۔

وجاہت مسعود:

ڈاکٹر صاحب! اگر میں غلطی پر نہیں ہوں تو نفسیاتی علاج میں آپ نے کامبینیشن تھراپی کا تصور پیش کیا اور پھر اس سلسلے کو مزید آگے بڑھاتے ہوئے گرین زون تھراپی کی ارتقاء یافتہ شکل متعارف کروائی۔ پاکستان میں شہریوں کو مختلف طرح کے دباؤ اور کشمکش کا سامنا ہے، جو داخلی اور خارجی دونوں سطحوں پر انتشار کا باعث بنتی ہے۔ ہم چاہیں گے کہ آپ ہمیں کچھ رہنمائی فراہم کریں کہ کامبینیشن تھراپی کیا ہے؟ اور اس میں گرین زون کا فلسفہ کس طرح کام کرتا ہے؟

ڈاکٹر خالد سہیل:

وجاہت صاحب! پاکستان اور کینیڈا میں جو نفسیاتی علاج کی روایات ہیں، وہ زیادہ تر بیماریوں پر مرکوز ہیں۔ جب کوئی مریض ڈاکٹر کے پاس جاتا ہے، تو ڈاکٹر اس کی بیماری یا مسئلے پر فوکس کرتا ہے، تشخیص کرتا ہے، اور زیادہ تر دوائیوں یا شاک ٹریٹمنٹ سے مسئلے کو حل کرنے کی کوشش کرتا ہے۔ مریض کو صرف دس پندرہ منٹ دیے جاتے ہیں، ایک نسخہ لکھا جاتا ہے، اور اسے رخصت کر دیا جاتا ہے۔

میں اس طریقۂ کار سے غیر مطمئن تھا۔ مجھے لگا کہ یہ مریضوں کے ساتھ

انصاف نہیں ہے۔ جیسے ہم شوگر کے مریض کو کیلوریز کم کرنے، پانی زیادہ پینے اور ورزش کرنے کی ترغیب دیتے ہیں، ویسے ہی میری خواہش تھی کہ نفسیاتی علاج میں بھی مریضوں کو تعلیم دی جائے۔ انہیں یہ سمجھایا جائے کہ ان کے مسائل کیا ہیں اور پھر اُنہیں خود اپنی صحت بہتر کرنے کے طریقے سکھائے جائیں۔ یہ میری بیس سال پرانی خواہش تھی۔

ایک دن ایک جوڑا میرے پاس آیا، جس میں مرد کو غصہ بہت آتا تھا اور وہ اپنی بیوی کے ساتھ لڑتا جھگڑتا تھا۔ تھیراپی کے دوران میں نے اس سے پوچھا: ''جب آپ گاڑی چلا رہے ہوتے ہیں اور سگنل یلو ہو جاتا ہے، تو آپ کیا کرتے ہیں؟'' وہ کہنے لگا: ''میں ایکسیلیریٹر پر پاؤں رکھتا ہوں۔'' میں نے اس سے پوچھا: ''آپ یہ کیوں کرتے ہیں؟'' اس نے جواب دیا: ''دفتر پہنچنے کی جلدی ہوتی ہے یا گھر پہنچنے کی۔''

میں نے اسے کہا:

یعنی "A wise man puts the foot on the breaks."

جب آپ کو غصہ آنے لگے تو اپنے آپ کو بریک دیں، کمرے سے باہر چلے جائیں اور ٹھنڈے مزاج کے بعد واپس آئیں۔ یہ بات اس پر اثر کر گئی۔ اگلے چند ہفتوں میں اس نے اپنے غصے پر قابو پا لیا۔ تب مجھے احساس ہوا کہ یہ طریقہ کار شاید اور لوگوں کے لیے بھی مددگار ہو سکتا ہے۔

میں نے اس تکنیک کو مزید جوڑوں پر آزمایا اور یہ سب پر کارآمد ثابت ہوئی۔ یوں، بیس پچیس سال پہلے گرین زون تھراپی کی بنیاد رکھی گئی۔ اس میں مَیں نے ٹریفک لائٹس کے تین رنگوں کو بطور میٹافور استعمال کیا تاکہ مریضوں کو یہ سمجھایا جا سکے کہ وہ نفسیاتی اور جذباتی طور پر تین زونز میں ہوتے ہیں:

1۔ گرین زون: جب آپ ریلیکسڈ، کمفر ٹیبل اور زندگی سے لطف اندوز ہو رہے ہوں۔

2۔ یلو زون: جب آپ تھوڑے پریشان، افسردہ، یا غیر مطمئن ہوں۔

3۔ ریڈ زون: جب آپ بالکل قابو سے باہر ہو جائیں، شدید غصے یا مایوسی میں ہوں، یا سوئیسائیڈل ہوں۔

ہم مریضوں کو مشورہ دیتے ہیں کہ ایک ڈائری رکھیں اور ہر رات سونے سے پہلے دن بھر کا جائزہ لیں: کتنے گھنٹے گرین زون میں گزارے؟ کتنے یلو زون میں؟ اور کتنے ریڈ زون میں؟ کون سے عوامل نے انہیں یلو یا ریڈ زون میں دھکیلا؟ اس مشق سے انہیں اپنے جذباتی پیٹرنز کا شعور حاصل ہوتا ہے۔

نفسیات میں مَیں نے یہ جانا کہ شعور اور آ گاہی ہی تبدیلی کی پہلی سیڑھی ہے۔ جب انسان اپنے ٹریگرز کو پہچان لیتا ہے، تو وہ ان پر قابو پانے کے قابل ہو جاتا ہے۔

بعد میں ہم نے یہ فلسفہ ریلیشن شپس پر بھی لاگو کیا:

- جو محبت اور شفقت والے رشتے ہیں، وہ گرین زون میں ہوتے ہیں۔
- جو حسد یا رقابت پیدا کرتے ہیں، وہ یلو زون میں آتے ہیں۔
- جو آپ کے لیے مسلسل منفی جذبات کا باعث بنتے ہیں، وہ ریڈ زون کے لوگ ہیں۔

ہماری اگلی توجہ سسٹمز پر گئی۔ فیملی، جاب، آرگنائزیشنز، حتیٰ کہ پوری قوم بھی گرین، یلو، یا ریڈ زون میں ہو سکتی ہے۔

ڈاکٹر خالد سہیل: ایک انسان دوست ماہر نفسیات

بیس سالوں میں ہم نے اس پر سات کتابیں لکھیں اور ایک سیون اسٹیپ پروگرام ڈویلپ کیا۔ اب ہماری ایک دوست ڈاکٹر عارفہ بھٹو، جو حیدر آباد یونیورسٹی میں پروفیسر ہیں، اس پر کام کر رہی ہیں۔ ہم ایک گرین زون ایپ بنا رہے ہیں، جو دو تین مہینوں میں مکمل ہو جائے گی۔

اس ایپ کے ذریعے، دنیا میں کہیں بھی کوئی شخص، جو نفسیاتی مسائل کا شکار ہے، اپنی مدد آپ کر سکے گا۔ یہ ایک انقلابی قدم ہوگا، اور مجھے امید ہے کہ یہ لوگوں کی زندگی میں حقیقی تبدیلی لائے گا۔

وجاہت مسعود:

ڈاکٹر صاحب! آپ تو آنے والے ماہرینِ نفسیات کے کاروبار اور روزگار پر حملہ آور ہو رہے ہیں۔

ڈاکٹر خالد سہیل:

وجاہت صاحب! آپ کی بات دلچسپ ہے، لیکن میں سمجھتا ہوں کہ اس کام کا مقصد کاروبار پر حملہ کرنا نہیں بلکہ لوگوں کو خود کفیل بنانا ہے۔ دوسرا پہلو یہ ہے کہ گرین، یلو، ریڈ کی زبان ججمنٹ سے بالکل آزاد ہے۔

عام طور پر لوگ گفتگو میں ایک دوسرے کو جذباتی طور پر چارجڈ زبان میں مخاطب کرتے ہیں، جیسے ''تم پاگل ہو'' یا ''تم بے وقوف ہو جو ایسی باتیں کرتے ہو۔'' یہ جملے انسان کے جذبات کو مزید خراب کرتے ہیں۔ ہم نے کوشش کی ہے کہ نفسیاتی عارضوں کی زبان کو نیوٹرل بنایا جائے، تاکہ لوگ جذباتی دباؤ کے بغیر اپنے مسائل کو بیان کر سکیں۔

اگر کوئی کہتا ہے کہ ''میں یلو زون میں ہوں'' تو یہ کہنا جذباتی طور پر محفوظ ہے

اور اسے غیر جانبدار طریقے سے سمجھا جا سکتا ہے۔ یہ ایک بڑی تبدیلی ہے جو لوگوں کو اپنے جذبات کو بہتر انداز میں سمجھنے اور دوسروں کے ساتھ زیادہ ہمدردی کے ساتھ بات چیت کرنے میں مدد دیتی ہے۔

وجاہت مسعود:

آپ سے گفتگو کرنا ایک ضیافت کے مترادف ہے۔ دریا کو صراحی یا پیالی میں بند کرنا ممکن نہیں، لیکن ہمیں یہ نشست یہاں ختم کرنا ہوگی۔

پاکستان ٹیلی ویژن کے پروگرام ''صدرنگ' میں، مَیں ہوں وجاہت مسعود۔ آج ہم نے گفتگو کی محترم ڈاکٹر خالد سہیل صاحب سے، جو ایک ممتاز دانشور اور عالمی سطح پر جانے پہچانے ماہرِ نفسیات ہیں۔

اگلی نشست میں، ہم یہی سلسلہ گفتگو دوبارہ شروع کریں گے اور مزید گہرائی میں جائیں گے۔ بہت شکریہ

☆......☆......☆

انٹرویو: حصہ دوم

وجاہت مسعود:

آداب! آج ہماری ممتاز دانشور، شاعر، افسانہ نگار، ماہرِ نفسیات، سائنس دان، کالم نگار، اور ادبی نقاد محترم ڈاکٹر خالد سہیل صاحب سے دوسری نشست ہے۔

ڈاکٹر صاحب! گزشتہ نشست میں جہاں ہم نے گفتگو ختم کی تھی، وہیں سے آغاز کرتے ہیں۔ آپ نے نفسیاتی علاج کا جو طریقہ کار دریافت کیا، اسے 'گرین زون فلسفہ' کہتے ہیں اور آپ نے فرد کی مختلف نفسیاتی کیفیات کو سبز، پیلے اور سرخ رنگوں میں تقسیم کیا ہے۔ آپ نے بتایا کہ حیدرآباد میں ایک استاد، ڈاکٹر عارفہ بھٹو، گرین زون فلسفہ پر ایک ایپ تیار کر رہی ہیں۔ براہ کرم اس کی کچھ تفصیل بتائیے۔

ڈاکٹر خالد سہیل:

وجاہت صاحب! جیسا کہ میں نے ذکر کیا، گرین زون فلسفہ کئی تہوں پر مشتمل ہے، اس کی گہرائیاں اور پیچیدگیاں ہیں، لیکن ہم نے کوشش کی کہ اسے عام فہم زبان میں پیش کریں تا کہ بچے بھی اسے سمجھ سکیں۔

ایک دلچسپ واقعہ سناتا ہوں۔ ٹورنٹو میں میرے ایک شاعر دوست ہیں، رشید ندیم۔ میں ان کا ایک شعر پیش کرنا چاہوں گا:

"یہ شہر اگر ظرفِ کشادہ نہیں رکھتا
میں بھی یہاں رہنے کا ارادہ نہیں رکھتا"

98

رشید ندیم نے جب میری پہلی کتاب جو 2003 میں شائع ہوئی، اپنے بچوں کو دی، تو کہا: ''اس کتاب میں سہیل انکل کا فلسفہ ہے، جو میں تمہیں سمجھاؤں گا۔'' اس وقت ان کی بیٹی افروز کی عمر پانچ سال اور بیٹے امروز کی سات سال تھی۔ دو ہفتے بعد، ایک دن افروز اپنے کمرے میں رو رہی تھی۔ رشید ندیم نے پوچھا: ''بیٹا، آپ کیوں رو رہی ہیں؟'' وہ بولی:

"Papa! I am in my red zone. I cannot talk."

رشید ندیم واپس آ گئے۔ پانچ منٹ بعد افروز کمرے سے نکلی اور بولی:

"Papa! I am in my yellow zone. Now I can talk."

اس نے شکایت کی کہ بڑے بھائی امروز نے اس کی گڑیا کو زور سے پھینکا، جس سے گڑیا کی ٹانگ ٹوٹ گئی۔ افروز نے مزید کہا:

"Papa! If you promise me to buy a new doll, then I'll go to my green zone."

رشید ندیم نے کہا کہ اگرچہ بچی نے نئی گڑیا حاصل کرنے کے لیے فلسفے کا استعمال کیا، لیکن اس سے یہ ظاہر ہوتا ہے کہ وہ فلسفے کو سمجھ گئی تھی۔

ایک اور مثال دیتا ہوں۔ میرے کینیڈین دوست، روفی صاحب، جو موسیقار بھی ہیں اور ایک آرگنائزیشن کے ڈائریکٹر بھی، نے میری کتاب پڑھنے کے بعد اسٹور سے 60 چھوٹے سبز، پیلے، اور سرخ جھنڈے خریدے۔ انہوں نے اپنے دفتر کے دروازے پر میز پر یہ جھنڈے رکھ دیے۔

اب جب بھی کوئی ملازم دفتر میں داخل ہوتا ہے، وہ اپنے موڈ کے مطابق جھنڈا اُٹھا کر اپنی میز پر رکھ دیتا ہے۔ اگر کسی کے میز پر ریڈ زون کا جھنڈا ہو، تو لوگ اس سے ملاقات نہیں کرتے جب تک وہ گرین زون میں نہ آ جائے۔

ہم نے لوگوں کو یہ بتایا کہ ُبامقصد گفتگو اور بامعنی تبادلہ خیال کے لیے دونوں انسانوں کا گرین زون میں ہونا بیحد ضروری ہے۔'

آہستہ آہستہ یہ فلسفہ مختلف اسکولز، کالجز، اور اداروں میں پڑھایا جا رہا ہے۔ پروفیشنلز نے اسے اپنانا شروع کر دیا ہے۔

وجاہت مسعود:

آپ نے کمبینیشن تھراپی کے بارے میں بھی بتایا تھا۔اس پر کچھ روشنی ڈالیں۔

ڈاکٹر خالد سہیل:

ہمارے کلینک کا نام Creative Psychotherapy Clinic ہے، جہاں ہم انفرادی تھراپی، ریلیشن شپ تھراپی، میریٹل تھراپی اور گروپ تھراپی کرتے ہیں۔ مریض کی ضرورت وقت کے ساتھ بدلتی رہتی ہے، اس لیے ہم اس کی ضرورت کے مطابق تھراپی فراہم کرتے ہیں۔

یہی وجہ ہے کہ گرین زون فلسفہ کو عام فہم زبان میں پیش کیا گیا، تا کہ لوگ اسے خود سمجھ سکیں اور دوسروں تک پہنچا سکیں۔

پاکستان میں بھی کئی ماہرینِ نفسیات نے اس فلسفے کو اپنی پریکٹس میں اپنانا شروع کر دیا ہے، جو خوش آئند بات ہے۔ اب میں اور میری دوست ثمر اشتیاق گرین زون فلسفے پر ایک اردو کتاب تیار کر رہے ہیں۔ مجھے یقین ہے کہ یہ فلسفہ مزید لوگوں کی مدد کرے گا اور ان کی زندگی میں مثبت تبدیلی لائے گا۔

وجاہت مسعود:

ڈاکٹر صاحب! بنیادی طور پر دیکھا جائے تو انسانی معاشرے میں مکالمہ بہت اہمیت رکھتا ہے۔ کس کو کیا خبر ہوتی ہے کہ کسی کے اندر کیا ماتم برپا ہے؟ وہ کس کیفیت سے

گزر رہا ہے؟ میں خود کئی دفعہ کسی کو فون کرنے سے پہلے یہ سوچتا ہوں کہ وہ کہیں کسی دباؤ میں تو نہیں، سو تو نہیں رہے، یا کسی میٹنگ میں مصروف تو نہیں؟ یہ بظاہر چھوٹی باتیں لگتی ہیں، لیکن درحقیقت یہ بہت اہم ہیں۔

قوموں کے درمیان بھی یہ سمجھنا ضروری ہے کہ کب کوئی قوم ریڈ زون میں ہے، کب یلو زون میں، اور کب گرین زون میں۔ کیونکہ صرف اسی شعور کے ذریعے ڈائیلاگ ممکن ہے۔ جب کوئی فرد یا قوم گرین زون میں ہو، وہی ایک کوالٹی زون ہوتا ہے۔

آسٹریا کے ماہر نفسیات وکٹر فرینکل، جو ہولوکاسٹ کے سروائیور تھے اور معجزاتی طور پر بچ نکلے، انہوں نے جنگ کے بعد نفسیات میں شاندار خدمات سرانجام دیں۔ ان کا خاص موضوع یہ تھا کہ کوئی انسان اپنی زندگی میں معنی کیسے پیدا کرتا ہے۔

ہمیں معلوم ہوا ہے کہ آپ جن ماہرینِ نفسیات سے متاثر ہیں، ان میں وکٹر فرینکل کا مقام بلند ہے۔ براہ کرم، ان کی کتاب Man's Search for meaning اور ان کے کام کے بارے میں بتائیے۔ آپ نے ان کے فلسفے کو اپنے تصورِ حیات اور کام میں کیسے شامل کیا؟

ڈاکٹر خالد سہیل:

وجاہت صاحب! انسان اپنی انفرادی اور سماجی زندگی میں بہت سے دُکھوں کا سامنا کرتا ہے۔ وہ پریشان رہتا ہے، مسائل کا شکار ہو جاتا ہے۔ ماہرینِ نفسیات جیسے فرائڈ، ینگ، اور ایڈلر نے ہمیشہ یہ کوشش کی ہے کہ انسانی دُکھوں کو کم کریں اور خوشیوں کو بڑھائیں۔

وکٹر فرینکل نے بھی اس سلسلے میں گراں قدر خدمات انجام دیں۔ ان کا مشاہدہ یہ تھا کہ اگر 100 مریض ماہرِ نفسیات کے پاس جاتے ہیں تو ان میں سے 80 کسی نفسیاتی مسئلے جیسے اینگزائٹی یا ڈیپریشن کا شکار ہوتے ہیں، لیکن 20 ایسے ہوتے ہیں

جو زندگی کی بے معنویت سے اُلجھ رہے ہوتے ہیں۔

یہ کیفیت، وجودیت کے الفاظ میں، existential neurosis یا وجودی ناامیدی کہلاتی ہے۔ان مریضوں کی زندگی بے کیف اور بے رنگ ہوجاتی ہے۔

میں آپ کو اپنے ایک مریض کے بارے میں بتاتا ہوں، جن کی عمر 75 سال ہے۔وہ ریٹائر ہو چکے ہیں، ان کے پاس گھر، کار، اور کوئی معاشی مسئلہ نہیں ہے۔لیکن پھر بھی وہ ایک بے مقصد زندگی گزار رہے ہیں۔

وکٹر فرینکل نے ایسے ہی لوگوں پر اپنی توجہ مرکوز کی۔انہوں نے سمجھا کہ اگر کوئی انسان اپنی زندگی کے دُکھوں اور تناؤ میں کوئی مقصد تلاش کر لے، تو وہ اپنی بیماری کو بدل سکتا ہے۔اس سے نہ صرف بیماری کی شدت کم ہوتی ہے بلکہ زندگی کو ایک نئی سمت بھی ملتی ہے۔

اس کی ایک عمدہ مثال وہ خواتین ہیں جن کے بچے امریکہ یا کینیڈا میں نشے میں دھت ڈرائیورز کی زد میں آ کر ہلاک ہو گئے۔انہوں نے

MADD (Mothers Against Drunk Drivers) کے نام سے ایک تنظیم بنائی۔

ان خواتین نے اپنے دکھ کو، جو ان کے بچوں کی موت کا نتیجہ تھا، ایک تحریک میں بدل دیا۔اس طرح نہ صرف وہ معاشرے میں اپنا حصہ ڈالنے لگیں بلکہ ان کی اپنی ذہنی کیفیت بھی بہتر ہوئی۔

وکٹر فرینکل کا یہی فلسفہ ہے کہ انسانی زندگی میں مقصد پیدا کرنے سے نہ صرف دُکھوں کو کم کیا جا سکتا ہے بلکہ زندگی کو ایک معنی بھی دیا جا سکتا ہے۔یہی فلسفہ میں نے اپنی پریکٹس میں بھی اپنایا ہے۔یہ نہایت مؤثر ہے اور بہت سے مریضوں کے لیے ایک نئی امید پیدا کرتا ہے۔

وجاہت مسعود:

نسلوں کے ایک ممکنہ دُکھ کو کم کر رہے ہیں۔

ڈاکٹر خالد سہیل:

وجاہت صاحب! ہم اسے روایتی زبان میں صدقہ جاریہ کہتے ہیں، یعنی ایسا کام جو نہ صرف آپ کی شخصیت کو سنوارے بلکہ دوسروں کو بھی فائدہ دے۔ وکٹر فرینکل نے اپنی اس تھیراپی کو لوگو تھیراپی کا نام دیا، جس کا مقصد زندگی میں معنی تلاش کرنا اور کسی بھی پریشانی یا دکھ کو مثبت انداز میں تبدیل کرنا ہے۔

میں نے وکٹر فرینکل کے کام کو گرین زون تھیراپی میں کچھ اس طرح شامل کیا ہے کہ ایک پرسکون اور بامعنی زندگی تخلیق کرنے کے تین راستے ہیں:

1. Creating (تخلیق کرنا)
2. Sharing (شیئر کرنا)
3. Serving (خدمت کرنا)

میں سمجھتا ہوں کہ ہر بچے کو فطرت ایک خاص صلاحیت ودیعت کرتی ہے۔ ہر انسان کے پاس کوئی نہ کوئی گفٹ، کوئی صلاحیت موجود ہوتی ہے۔ کچھ لوگ اپنی ان صلاحیتوں کو فنون لطیفہ میں استعمال کرتے ہیں۔ کچھ خواتین عمدہ کھانے بناتی ہیں، کچھ انٹیریئر ڈیکوریشن یا سلائی کے شوق میں مہارت رکھتی ہیں۔

ہم اپنے مریضوں سے کہتے ہیں کہ آپ اپنی زندگی میں ہر روز ایک گھنٹہ گرین زون آور نکالیں، جس میں آپ وہ کام کریں جس کے لیے آپ پرجوش ہوں، جس سے آپ کو خوشی ملے، اور جو آپ کو انسپائر کرے۔

یہ گرین زون گھنٹہ جب لوگ شروع کرتے ہیں، تو یہ عادت بن جاتا ہے۔

عادت سے یہ پیشن بنتا ہے، اور پھر یہ پیشن ایک خواب کی شکل اختیار کرلیتا ہے۔ لوگ اس مشغلے کو ذوق و شوق سے کرتے ہیں، اور ہم انہیں کہتے ہیں کہ اپنی تخلیقات اور مشاغل دوسروں کے ساتھ شیئر کریں۔

پہلا مرحلہ تخلیق (Creating) ہے، دوسرا شیئرنگ (Sharing)، اور تیسرا خدمت (Serving)۔ اس طرح لوگ اپنی کمیونٹی کو تحفے لوٹانے کے قابل بنتے ہیں اور اپنی سوسائٹی کی بہتری میں کردار ادا کرتے ہیں۔ یہ تینوں مرحلے، تخلیق، شیئرنگ، اور خدمت، بالواسطہ طور پر لوگوں کی زندگی کو بامعنی بناتے ہیں۔

یہ سب کچھ وکٹر فرینکل کی لوگوتھیراپی سے متاثر ہوکر ترتیب دیا گیا ہے۔ ان کا فلسفہ یہی ہے کہ زندگی کو بامقصد اور بامعنی بنایا جائے۔

وجاہت مسعود:

ڈاکٹر صاحب! آپ کے نزدیک خوشی کا راز کیا ہے؟

ڈاکٹر خالد سہیل:

میرے نزدیک خوشی کے دو اہم راز ہیں: جذبہ (Passion) اور ہمدردی (Compassion)۔

جذبہ وہ چیز ہے جو آپ کو جینے کی تحریک دیتی ہے۔ میرے لیے لکھنا اور پڑھنا میرا جذبہ ہے۔ ہمدردی انسانیت کے لیے آپ کا احساس اور لگاؤ ہے۔ میری پروفیشنل زندگی میرا کمپیشن ہے، اور میری تخلیقی زندگی میرا پیشن۔

میں یہی اپنے مریضوں، دوستوں، اور عزیزوں سے کہتا ہوں کہ زندگی میں کوئی نہ کوئی پیشن ضرور ہونا چاہیے، اور انسانی ہمدردی بھی۔ وجاہت صاحب، آپ تو جانتے ہیں کہ میں انسان دوست شخص ہوں۔ دنیا کو بہتر بنانے کے لیے انسانیت سے

ہمدردی بہت ضروری ہے۔

میرے نزدیک یہ دو چیزیں انسانی خوشی کے اصل راز ہیں، اور یہی چیزیں زندگی کو بامقصد بناتی ہیں۔

وجاہت مسعود:

ڈاکٹر صاحب، میرے ذہن میں کم عمری سے دو سوالات کھٹکتے رہے ہیں۔ میں نے سوچا کہ آپ سے موقع پا کر ان پر گفتگو کی جائے، کیونکہ آپ کا تعلق بیک وقت نفسیات اور ادب دونوں سے ہے۔

پہلا سوال ولیم رائخ کے بارے میں ہے، جنہوں نے Mass Psychology of Fascism جیسی اہم کتاب لکھی۔ دوسرا سوال ایذرا پاؤنڈ کے بارے میں ہے، جو بیسویں صدی کے چند بڑے شاعروں میں سے ایک ہیں۔ ریاستی سطح پر ان دونوں کے ساتھ جو سلوک کیا گیا، وہ میری سمجھ سے بالاتر ہے۔ اگر یہ صرف فاشزم کی حمایت کا معاملہ ہوتا، تو سمجھ میں آتا، لیکن رائخ اور پاؤنڈ کے معاملات پیچیدہ معلوم ہوتے ہیں۔ براہِ مہربانی، اس حوالے سے کچھ رہنمائی فرمائیں۔

ڈاکٹر خالد سہیل:

وجاہت صاحب! میرے زیادہ تر مطالعات اور تحقیق کا محور ایذرا پاؤنڈ کی زندگی اور ان کی پیچیدگیوں کو سمجھنا رہا ہے۔ آپ جانتے ہیں کہ ابھی ہم انٹرویو سے پہلے بات کر رہے تھے کہ جب میں نے اور امیر حسین جعفری نے اختر حسین جعفری کے بارے میں کتاب لکھی، تو اس میں ہم نے ذکر کیا کہ اختر حسین جعفری بھی ایذرا پاؤنڈ سے متاثر تھے۔

ایذرا پاؤنڈ اس زمانے میں جدیدیت کے ایک اہم گروپ کا حصہ تھے، جس میں ٹی ایس ایلیٹ، ارنسٹ ہیمنگوے اور رابندر ناتھ ٹیگور جیسے لوگ شامل تھے۔ یہ وہ

لوگ تھے، جنہیں آپ جدیدیت کے علمبردار کہہ سکتے ہیں۔ ان کی تخلیقی شخصیت نے کئی جدید تصورات، جیسے امیجزم اور واٹرسیزم کی بنیاد رکھی۔ جدید شاعری کی بنیادوں میں بھی ان کا اہم کردار مانا جاتا ہے۔

لیکن ایذرا پاؤنڈ کی شخصیت کا ایک سیاسی پہلو بھی تھا۔ وہ امریکہ سے اٹلی چلے گئے اور وہاں مسولینی سے ملے۔ وہ ہٹلر سے بھی متاثر تھے۔ انہوں نے اٹلی میں ایک ریڈیو پروگرام کیا، جس میں وہ ان حکومتوں اور ان کے خیالات کی حمایت کرتے تھے۔

جنگ ختم ہونے کے بعد، جب حالات بدلے، تو امریکہ نے ان پر غداری کا الزام عائد کیا۔ ان کے خلاف مقدمات شروع ہوئے۔ لیکن ایذرا پاؤنڈ اس وقت تک اتنے مشہور ہو چکے تھے کہ ان کے مداحوں اور ماہرینِ نفسیات نے انہیں بچانے کی کوشش کی۔

چند سائیکاٹرسٹ ملے اور جج سے درخواست کی کہ ایذرا پاؤنڈ کا نفسیاتی تجزیہ کیا جائے۔ تجزیے کے بعد یہ فیصلہ ہوا کہ وہ نفسیاتی طور پر نارمل نہیں ہیں، اس لیے انہیں جیل میں ڈالنے یا پھانسی دینے کے بجائے نفسیاتی امراض کے ہسپتال میں رکھا جائے۔

دلچسپ بات یہ ہے کہ مقدمے کے دوران ان کے خلاف صرف ایک ہی شہادت پیش کی گئی، جو ایک اطالوی سیکیورٹی گارڈ کی تھی۔ لیکن وہ گارڈ انگریزی نہیں سمجھتا تھا، اور قانونی لحاظ سے یہ شہادت ناکافی تھی۔ اس قانونی کمزوری نے ایذرا پاؤنڈ کو موت سے بچا لیا۔

وہ کئی برس امریکہ کے ایک نفسیاتی ہسپتال میں رہے، جہاں شام کے وقت وہ ایک درخت کے نیچے بیٹھتے، اور ان کے شاگرد اور مداح انہیں ایک دیوانے شاعر کی طرح سننے آتے۔ کئی برس بعد انہیں رہا کر دیا گیا اور وہ اپنی زندگی کے آخری دن اٹلی میں گزارنے آئے۔

اپنی آخری عمر میں، ایذرا پاؤنڈ کو اپنی زندگی کے کئی فیصلوں پر پچھتاوا تھا۔

انہیں اس بات کا احساس تھا کہ ان کی نوجوانی کے سیاسی نظریات درست نہیں تھے، اور وہ اپنے آپ سے مطمئن نہیں تھے۔

ایذرا پاؤنڈ کی زندگی ایک پیچیدہ اور گنجلک کہانی ہے، جس میں سیاسی، نفسیاتی، ادبی، اور قانونی پہلو شامل ہیں۔ ان کا ادبی کام غیر معمولی ہے، اور وہ ادب کی دنیا میں روایتی سوچ کے لیے ایک چیلنج کی حیثیت رکھتے ہیں۔ ان کی کہانی ہمیں یہ سکھاتی ہے کہ تخلیقی عظمت اور انسانی کمزوری ایک ہی شخصیت میں موجود ہو سکتی ہیں۔

وجاہت مسعود:

آپ سے گفتگو کرتے ہوئے ابراہم میسلو کا نام میرے ذہن میں آ رہا ہے۔ وہ ایک امریکی ماہرِ نفسیات ہیں، جب کہ وکٹر فرینکل آسٹرین تھے۔ میسلو نے انسانی ضروریات کی درجہ بندی کی، اور کبھی کبھی مجھے لگتا ہے کہ آپ کا Creating, Sharing and Serving کا فلسفہ اس درجہ بندی کے بہت قریب آتا ہے۔ براہِ کرم، اس بارے میں کچھ روشنی ڈالیں اور پہلے ہمارے دیکھنے والوں کے لیے ابراہم میسلو کا مختصر تعارف پیش کریں۔

ڈاکٹر خالد سہیل:

وجاہت صاحب! انسانی نفسیات کو ابراہم میسلو نے جو تحفہ دیا ہے، وہ بے حد اہم ہے۔ انہوں نے نفسیات میں ایک نیا زاویہ پیش کیا۔ سگمنڈ فرائیڈ، ایڈلر، اور کارل ینگ جیسے ماہرین زیادہ تر ان لوگوں پر توجہ مرکوز کرتے تھے، جو نفسیاتی مسائل یا بیماریوں کا شکار تھے۔ ان کے کلینکس میں ایسے مریض آتے تھے، جنہیں ہسٹیریا یا اینگزائٹی جیسے مسائل لاحق ہوتے تھے۔ ان ماہرین نے ان مریضوں کے مسائل کو سمجھا اور ان کے علاج کے لیے تھیوریز پیش کیں، چاہے وہ تحلیلِ نفسی ہو یا انفرادی نفسیات۔

میسلو نے ایک مختلف نقطۂ نظر اختیار کیا۔ وہ کہتے تھے کہ اگر کسی محقق کو انسانی صلاحیتوں کو سمجھنا ہو، تو اسے معذور لوگوں پر تحقیق کرنے کے بجائے ان کھلاڑیوں پر تحقیق کرنی چاہیے، جو اولمپکس میں حصہ لیتے ہیں اور انعام جیتتے ہیں۔

میسلو نے ان شخصیات کے انٹرویوز کیے، جو اپنی زندگی میں کمال کے درجے تک پہنچ چکی تھیں ادیب، شاعر، دانشور، اور سائنس دان۔ ان کا کہنا تھا کہ عام انسان زیادہ تر اپنی بنیادی ضروریات، جیسے بھوک، پیاس، اور جنسی تسکین میں اُلجھے رہتے ہیں۔ لیکن وہ لوگ، جو شخصیت کی اعلیٰ مقام تک پہنچتے ہیں، ان ضروریات سے بالاتر ہو جاتے ہیں۔

ایسے لوگوں کو میسلو نے Self Actualized People کہا۔ یہ وہ لوگ ہیں، جو اپنی زندگی کے مقاصد، خواب، اور آدرش کو بے حد عزیز رکھتے ہیں، اور یہی خصوصیت انہیں عام انسانوں سے ممتاز کرتی ہے۔

میسلو کا دوسرا اہم کارنامہ روحانی تجربات کو سائنسی اور نفسیاتی انداز میں سمجھنا ہے۔ میسلو سے پہلے روحانی تجربات کو زیادہ تر مذہبی یا صوفیانہ تناظر میں دیکھا جاتا تھا۔ لیکن میسلو نے ان تجربات کو انسانی تجربات سمجھتے ہوئے، ان کی سائنسی تشریح کی۔

انہوں نے ان تجربات کو Peak Experiences کا نام دیا۔ ان کا کہنا تھا کہ جب ہم مذہبی یا روحانی اصطلاحات استعمال کرتے ہیں، تو وہ ہمیں سائنسی اور نفسیاتی سوچ سے دور لے جاتی ہیں۔ میسلو کا نقطۂ نظر یہ تھا کہ روحانیت انسانیت کا حصہ ہے، نہ کہ کسی مافوق الفطرت ہستی کا۔

میں میسلو کے اس خیال سے مکمل اتفاق کرتا ہوں۔ ہمارا مشترکہ نقطۂ نظر یہ ہے کہ:

"Spiritualit is part of humanity not divinity."

میرے نزدیک، ابراہم میسلو کے دو تصورات Self Actualized
People اور Peak Experiences نسانی نفسیات کے دو قیمتی تحفے ہیں۔ یہ
تصورات نہ صرف انسانی شخصیت کی گہرائی کو سمجھنے میں مدد دیتے ہیں، بلکہ انسان کو ایک
بامقصد اور بامعنی زندگی گزارنے کی ترغیب بھی دیتے ہیں۔

وجاہت مسعود:

مجھے یاد آتا ہے، سر، ہم سن ستر کے آخر میں گوجرانوالہ میں ماہرِعمرانیات
مظہرالحق خان صاحب سے پڑھا کرتے تھے۔ ان کی ایک کتاب تھی پردہ اور تعددِ
ازدواج، جو ایک مخصوص موضوع پر تھی۔ لیکن انہوں نے اسی طرح سیلف ایکچولائزیشن
کے لیے ایک اور لفظ استعمال کیا: ''تکمیلی شخصیت''۔ یہ وہ لوگ ہیں، جو زندگی کی بنیادی
ضروریات سونا، جاگنا، اور صبح سے شام کرنا سے اُوپر اُٹھ جاتے ہیں اور ایک اگلے مرحلے
میں پہنچ جاتے ہیں۔

ڈاکٹر صاحب! آپ کینیڈا میں رہتے ہیں، لیکن شمالی امریکہ اور یورپ میں بھی
آپ کے روابط ہیں۔ آپ نے وہاں فیملی آف دی ہارٹ کی بنیاد رکھی، جسے ہم پہلے سے
جانتے تھے، لیکن اسے Alternative Family کہا کرتے تھے۔

یہ وہ دوست ہوتے ہیں، جن کے ساتھ مل کر خوشی محسوس ہوتی ہے اور جن کے
ساتھ دُکھ سکھ بانٹے جاسکتے ہیں۔ میں اکثر سوچتا ہوں کہ دوسروں کے دکھ درد اور خوشی شیئر
کرنے کی صلاحیت کا بائیولوجیکل رشتوں سے بہت کم تعلق ہوتا ہے۔ یہ زیادہ تر تعلق کی
نوعیت پر منحصر ہے کہ فلاں شخص ہماری زندگی کا کتنا اہم حصہ ہے۔

پاکستان میں آپ کے چاہنے والے گزشتہ آٹھ دس برسوں میں بہت زیادہ ہو
گئے ہیں، شاید میرے اور آپ کے اندازے سے کہیں زیادہ۔ تو کیا یہاں پر بھی کوئی قلمی

قبیلہ بنانے کا آپ کا ارادہ ہے؟ اور براہِ کرم ہمیں یہ بھی بتایئے کہ فیملی آف دی ہارٹ کیا ہے اور یہ کیا کرتی ہے؟

ڈاکٹر خالد سہیل:

وجاہت صاحب، جب میں 1984ء میں ٹورانٹو گیا، تو میں نے وہاں کے مختلف گروپس کا مشاہدہ کیا۔ ان میں کچھ ادبی، کچھ سیاسی اور کچھ مذہبی گروپس شامل تھے۔ ان سب گروپس کی روایات ایک مخصوص سوچ کی حامل تھیں۔

دلچسپ بات یہ ہے کہ ان گروپس کے اکثر لوگ پاکستان سے ہجرت کر کے وہاں گئے تھے، لیکن ان میں سے کئی لوگ، جو پاکستان میں روایتی نہیں تھے، کینیڈا جا کر اور زیادہ مذہبی ہو گئے۔ آپ اسے شناخت کا بحران کہیں یا اپنے بچوں کی تعلیم کا مسئلہ، انہوں نے روایت کو شدت سے اپنانا شروع کر دیا۔

میں نے کچھ عرصہ ان گروپس کے ساتھ وقت گزارا، لیکن میری سوچ اور فکر ان کے ساتھ ہم آہنگ نہیں ہو سکیں۔ میں نے ان کے ساتھ انٹی گریٹ کرنے کی کوشش کی، لیکن مجھ پر مختلف اعتراضات کیے گئے۔ کچھ نظریاتی حوالے سے، کچھ سماجی حوالے سے، اور کچھ دیگر حوالوں سے۔

تب میں نے سوچا کہ مجھے اپنا ایک گروپ بنانا چاہیے، جو میری سوچ اور فکر سے مطابقت رکھتا ہو۔

اس گروپ کی ابتدا کچھ اس طرح ہوئی کہ پشاور کے میرے ایک دوست، ڈاکٹر ڈینس آئزک، جو پی ٹی وی کے ساتھ کام کرتے تھے، میرے ساتھ شامل ہوئے۔ ہم نے مل کر ایک ایسا ماحول بنانے کی کوشش کی، جہاں لوگ آزادانہ طور پر اپنی سوچ، خیالات، اور جذبات کا اظہار کر سکیں۔

فیملی آف دی ہارٹ وہ لوگ ہیں، جو ایک دوسرے کے لیے جذباتی سپورٹ فراہم کرتے ہیں۔ یہ وہ کمیونٹی ہے، جہاں بائیولوجیکل رشتے نہیں، بلکہ انسانیت، دوستی، اور ہمدردی کی بنیاد پر تعلقات قائم ہوتے ہیں۔

یہ گروپ ادبی، تخلیقی، اور فکری مباحثوں کے لیے ایک پلیٹ فارم فراہم کرتا ہے۔ یہاں کوئی ججمنٹ نہیں، بلکہ ایک دوسرے کی عزت، محبت، اور مدد کو فروغ دیا جاتا ہے۔

پاکستان میں بھی ایک ایسا قلمی قبیلہ بنانے کا میرا ارادہ ہے، جہاں لکھاری، شاعر، اور دانشور مل کر ایک کمیونٹی بنائیں، جو انسانیت اور تخلیق کو فروغ دے۔ مجھے یقین ہے کہ یہ گروپ پاکستان میں فکری مباحثوں اور تخلیقی اظہار کے لیے ایک بہترین پلیٹ فارم بنے گا۔

وجاہت مسعود:

جی ہاں، وہ پی ٹی وی میں تھے، اور ان کا انتقال بھی کینیڈا ہی میں ہوا۔

ڈاکٹر خالد سہیل:

وجاہت صاحب! وہ میرے میڈیکل کالج کے دوست تھے، اور ہماری بہت اچھی دوستی تھی۔ جب وہ کینیڈا آنے لگے، تو انہوں نے مجھے پیغام دیا کہ میں، میری بیوی، اور بچے کینیڈا آ رہے ہیں۔ میں نے ان کا پرتپاک خیر مقدم کیا اور ان کا تعارف کروانے کے لیے آٹھ دس لوگوں کو ڈنر پر مدعو کیا۔

ڈنر کے دوران، لوگوں کو معلوم ہوا کہ وہ ڈینس آئزک کو پی ٹی وی کے ڈرامہ رائٹر کے طور پر جانتے ہیں، لیکن یہ نہیں جانتے تھے کہ وہ ایک عمدہ شاعر بھی تھے۔ میں آپ کو ان کا ایک شعر سناتا ہوں:

''گھر سے چلے ارادہ منزل لیے ہوئے
منزل ملی تو اپنے ارادے بدل گئے''

یہ ان کا فرسٹ ایئر کا شعر تھا۔ اس محفل میں ان کی شاعری بھی سنی گئی، اور ان کا موسیقی کا ہنر بھی دیکھا گیا۔ وہ میوزک ڈائریکٹر تھے اور بہت خوب گاتے تھے۔ ان کی فنکارانہ صلاحیتوں نے سب کو متاثر کیا، اور دوستوں نے کہا کہ ہمیں یہ محفل دوبارہ کرنی چاہیے۔

پہلے ہم گھروں میں ملتے تھے، اور میرے لیے حیرت کی بات تھی کہ جو گروپ دس لوگوں سے شروع ہوا، وہ جلد ہی پندرہ، بیس، پچیس، اور تیس افراد تک پہنچ گیا۔ لیکن گھروں میں محفل کرنا مشکل ہو گیا کیونکہ میزبان خواتین کھانے کی تیاری کرتی تھیں، اور مجھے اچھا نہیں لگتا تھا کہ انہیں تکلیف دوں اور کہوں کہ پانچ مزید لوگ آ رہے ہیں۔

یوں، ہم نے یہ محفل گھروں سے ریسٹورانٹس میں منتقل کر دی۔ ہم دس ڈالر کا بفے کھاتے، اور ریسٹورانٹ کے بیسمنٹ میں ایک ہال کرائے پر لیتے تھے۔ وہاں بیس سے پچیس لوگ اکٹھے ہوتے، اور شاعری، ادب، فلسفہ، اور نفسیات پر مکالمے ہوتے۔

ہمارے گروپ ''فیملی آف دی ہارٹ'' کی بنیاد مکالمہ تھی۔ ہم ہر موضوع پر، چاہے وہ متنازع کیوں نہ ہو، کُھل کر بات کرتے تھے۔ ہم ڈائیلاگ پر یقین رکھتے ہیں، جیسے سقراط نے بھی پسند کیا اور فرائیڈ نے بھی سراہا۔ ڈائیلاگ کو سچ کی تلاش کا اہم راستہ مانا جاتا ہے۔

ہم مختلف لائبریریوں میں پروگرام کرتے تھے، اور یہ سلسلہ بیس سال تک چلتا رہا۔ پھر کووڈ کی وبا آ گئی اور ہم نے آن لائن پروگرامز شروع کیے۔ اس کا یہ فائدہ ہوا کہ ٹورنٹو میں ہونے والے پروگرامز میں پاکستان، انڈیا، اور یورپ کے لوگ بھی شامل ہو گئے۔

وجاہت صاحب! وہ لوگ، جنہیں میں کریئیٹیو مائنارٹی کہتا ہوں، اکثر اپنی روایتی فیملیز میں اجنبی محسوس کرتے تھے۔ یہ غیر روایتی فنکار، دانشور، اور تخلیقی شخصیات تھیں، جنہیں ان کی کمیونٹیز اکثر قبول نہیں کرتی تھیں۔ ہم نے انہیں جمع کیا اور کہا: ''آپ

ہمارے دوست ہیں۔ یہاں آئیں اور اپنی بات کہیں۔''

یہ گروپ سات آٹھ لوگوں سے شروع ہوا، اور آج یہ سات سو یا شاید ہزاروں لوگوں تک پھیل چکا ہے، جو دنیا کے مختلف حصوں میں مقیم ہیں۔

اگرچہ میں نے اس گروپ کو شعوری طور پر نہیں بڑھایا، لیکن دوستوں کی محبت اور حمایت کی وجہ سے یہ سلسلہ پھیلتا گیا۔ بعض اوقات، دوست مجھ سے کہتے ہیں: ''ہم اپنے شہر میں ایک فیملی آف دی ہارٹ بنانا چاہتے ہیں۔'' میں کہتا ہوں: ''بالکل بنائیں۔''

یہ صرف ایک نام ہے، اصل مقصد یہ ہے کہ غیر روایتی سوچ رکھنے والے اور تخلیقی شخصیت والے لوگوں کو ایک محفوظ جگہ دی جائے، جہاں وہ اپنے خیالات اور جذبات کا کھل کر اظہار کر سکیں، بغیر کسی خوف کے۔

ہم نے کینیڈا میں بیس برسوں کے دوران بہت سے سیمینارز کیے، اور اکثر متنازع موضوعات پر۔ لیکن لوگوں کا فیڈ بیک ہمیشہ مثبت رہا، اور یہ ہماری سب سے بڑی کامیابی ہے۔

وجاہت مسعود:

ڈاکٹر سہیل! آپ عورتوں میں بہت ہر دلعزیز ہیں۔ جوان خواتین سے لے کر بوڑھی عورتوں تک سب آپ سے محبت کرتی ہیں۔ آپ کی خواتین میں اس ہر دلعزیزی کا کیا راز ہے؟

ڈاکٹر خالد سہیل:

وجاہت صاحب! جب میں نے مشرق سے مغرب ہجرت کی اور کینیڈا میں نیوفن لینڈ اور نیو برانز وِیک کے علاقوں میں تھا، وہاں پاکستانی لوگ نہیں تھے۔ میری پہلی کینیڈین دوست کا نام ڈونا کیوینا تھا، جو اسپیشل ایجوکیشن کی ٹیچر تھیں۔

ہماری دوستی ایک معصوم اور احترام پر مبنی تعلق تھا، لیکن ڈونا کا بوائے فرینڈ حسد کا شکار ہوگیا۔ ایک دن میں نے ڈونا سے کہا کہ میرا مقصد آپ کی زندگی میں مسائل پیدا کرنا نہیں ہے، اس لیے میں پیچھے ہٹ جاتا ہوں۔ لیکن ڈونا نے اس وقت سٹینڈ لیا اور کہا کہ ہماری دوستی ایک معصومانہ اور باعزت دوستی ہے، اور اس میں کسی کو شرمندہ ہونے کی ضرورت نہیں۔

ڈونا نے مجھے ایک نیا اعتماد دیا۔ بعد میں، جب ان کی شادی ہوئی اور میں نے ان کی شادی میں شرکت کی، تو انہوں نے واضح طور پر کہا کہ ہماری دوستی قائم ہے اور اب ان کے شوہر بھی میرے دوست ہیں۔

وجاہت صاحب! خواتین بنیادی طور پر ایک قابلِ احترام ماحول چاہتی ہیں۔ جب میں ٹورنٹو گیا، تو میری پاکستانی خاتون زہرہ نقوی سے دوستی ہوئی، اور پھر یہ دوستیوں کا سلسلہ دراز ہوتا گیا۔

جب میں نے ہم سب میں کالم لکھنے کا سلسلہ شروع کیا، تو کئی خواتین مجھ سے رابطہ کرنے لگیں۔ ان میں سے بعض مجھے اپنا مینٹور اور استاد سمجھتی ہیں، اور ایک مجھے ڈاکٹر دوست کہتی ہیں۔

مختصر یہ کہ میں خواتین کا احترام کرتا ہوں، اور وہ میرے احترام کا جواب احترام سے دیتی ہیں۔ میرا ماننا ہے کہ کسی بھی تعلق میں باہمی عزت اور اعتماد سب سے زیادہ اہم ہیں، اور یہی میری خواتین میں ہر دلعزیزی کا راز ہے۔

وجاہت مسعود:

خواتین کی یہ حس، کہ کہاں منفی اپروچ ہے اور کہاں احترام کا جذبہ، بہت تیز ہوتی ہے۔

ڈاکٹر خالد سہیل :

وجاہت صاحب، میرے ایک دوست نے اپنی بیوی سے کہا: ''آپ میرے باقی مرد دوستوں سے دُور رہتی ہیں، لیکن ڈاکٹر سہیل کو آپ اپنے گھر ڈنر پر بھی بلاتی ہیں۔ اس کی کیا وجہ ہے؟'' ان کی بیوی نے ایک نہایت اہم جملہ کہا:

''ڈاکٹر سہیل کی آنکھوں میں حیا ہے۔''

اب اس کو آپ کیسے دیکھتے ہیں، یہ میں نہیں جانتا، لیکن میں سمجھتا ہوں کہ عورت کے ساتھ تعلق میں احترام کا ہونا ضروری ہے۔ اگر آپ کسی عورت کی کمپنی میں اس سے انسانی سطح پر، ایک آرٹسٹ اور ادیب کے طور پر بات کریں، تو وہ آپ کی دوست بن جاتی ہیں۔

شاید اس معاملے میں میں تھوڑا خوش قسمت رہا ہوں۔ حقیقت یہ ہے کہ میں خواتین سے بہت کچھ سیکھتا ہوں، ان کے ساتھ مل کر کام کرتا ہوں، اور ان کی تخلیقی صلاحیتوں کا معترف ہوں۔

ایک بات اور جو میرے تعلقات کو مضبوط کرتی ہے، وہ یہ ہے کہ میں genuinely اگر کسی مرد یا عورت میں تخلیقی امکان دیکھتا ہوں، تو ان سے کہتا ہوں: ''میں آپ کا فین ہوں۔''

یہ کہنا درحقیقت ان کی تخلیقی چنگاری کو شعلہ بنانے کے لیے ہوا دینے جیسا ہے۔ میں سمجھتا ہوں کہ احترام، خلوص، اور تخلیقی صلاحیتوں کو سراہنے کا جذبہ وہ عوامل ہیں، جو میرے اور خواتین کے تعلقات میں اعتماد اور دوستی کو مضبوط بناتے ہیں۔

وجاہت مسعود :

ڈاکٹر صاحب! آپ کے خیالات، رویوں اور زندگی بھر کے کام میں انسان

115

دوستی اور رواداری کو بنیادی مقام حاصل ہے۔ لیکن ہم اس وقت ایک ایسی دنیا سے گزر رہے ہیں جہاں جنگ، نفرت کی سیاست، اور روشن خیال رویوں کی پسپائی نظر آ رہی ہے۔

امریکہ سے لے کر بھارت تک، فلسطین سے لے کر افریقہ تک، مختلف خطوں میں ایسی صورتحال ہے۔ آپ ایک فلسفیانہ ذہن کے حامل ہیں؛ براہِ کرم بتائیں کہ آپ انسانیت کو کس طرف جاتے دیکھ رہے ہیں؟ کیا انسانوں کی منزل روشن خیالی، رواداری، احترام، تنوع، اور انکلوژن میں ہے، یا انا، نفرت، اختلاف، اور جنگ میں؟

ڈاکٹر خالد سہیل:

وجاہت صاحب! میں اپنے فلسفۂ حیات کو ایک انالوجی کے ذریعے واضح کرنا چاہوں گا۔ اگر ہم ایک فرد کی زندگی کو دیکھیں، تو ایک بچہ دو سال، چار سال، یا چھ سال کی عمر میں خودکشی نہیں کرتا۔ لیکن جب وہ نو بلوغت (adolescence) میں پہنچتا ہے، تو اگر وہ زندگی کی خوشیوں سے محروم ہو یا کسی مسئلے کا شکار ہو، تو اس میں خودکشی کا رجحان پیدا ہوتا ہے۔

کچھ نوجوان خودکشی کا سوچتے ہیں، کچھ کوشش کرتے ہیں، اور کچھ کامیاب بھی ہو جاتے ہیں۔ لیکن اکثریت ایک مرحلے پر زندگی کو موت پر ترجیح دیتی ہے۔ وہ بلوغت تک پہنچتے ہیں، دانائی حاصل کرتے ہیں، اور بہتر انسان بننے کی کوشش کرتے ہیں۔

میں سمجھتا ہوں کہ انسانیت بیسویں صدی میں اپنی نو بلوغت کو پہنچی ہے۔ ہم نے ایٹمی بم اور وسیع تباہی کے ہتھیار ایجاد کیے، اور پہلی بار یہ ممکن ہوا کہ انسان اجتماعی خودکشی کر سکتا ہے۔ دنیا کے دس ممالک کے سیاسی رہنما، اگر چاہیں، تو ایٹمی ہتھیاروں سے دنیا کو تباہ کر سکتے ہیں۔

یہی وہ صورتحال تھی، جس کے بارے میں برٹرینڈ رسل، آئن اسٹائن اور

فرائیڈ نے امن کی تحریکیں چلائیں۔ ہم بطور انسانیت ایک دوراہے پر کھڑے ہیں۔

میں انسانی ارتقا پر یقین رکھتا ہوں اور امید پرست ہوں۔ میرا ماننا ہے کہ انسانیت ایک مشکل دور سے گزر رہی ہے۔ یہ دور چاہے بیس سال، چالیس سال، یا نصف صدی کا ہو، ہمیں بڑا محسوس ہوتا ہے، کیونکہ ہماری طبعی عمر محدود ہے۔ لیکن انسانی تاریخ کے لحاظ سے ایک صدی اتنا بڑا عرصہ نہیں ہے۔

بعض اوقات پسپائی عارضی ہوتی ہے۔ میں اکثر اپنے مریضوں سے کہتا ہوں:

Growth does not happen in a straight line."

یعنی نشوونما اور ارتقا کا عمل سیدھی لکیر میں نہیں ہوتا۔ ہم دو قدم آگے بڑھتے ہیں اور ایک قدم پیچھے ہٹتے ہیں۔

وجاہت صاحب! میں نے پہلی بار دیکھا ہے کہ دنیا کے ہر بڑے شہر میں عوام نے فلسطینیوں کے حق میں جذبات اور خیالات کا اظہار کیا ہے۔ عوام میں ایک آگہی پیدا ہوگئی ہے۔

سوشل میڈیا کے ذریعے ناانصافی کے واقعات پوری دنیا میں ظاہر ہو جاتے ہیں۔ میں مانتا ہوں کہ یہ ایک تکلیف دہ وقت ہے اور اس وقت کی تاریخ خون سے لکھی جا رہی ہے، لیکن یہ ایک طویل مدتی عمل نہیں۔

مجھے یقین ہے کہ ہمارے بچے اور ان کے بچے آج سے پچاس یا سو سال بعد ایک پرامن زندگی گزاریں گے۔ انسان نے بنیادی طور پر یہ سیکھنا ہے کہ مل کر کیسے رہنا ہے۔

کنفیوشس نے کہا تھا:

”میں آپ سے وہ سلوک کروں گا، جو میں توقع کروں کہ آپ مجھ سے کریں۔“

یہ سنہری اصول آہستہ آہستہ سماجی شعور میں داخل ہو رہا ہے۔ ایک وقت آئے

گا جب عوام ظالموں اور جابروں کا ہاتھ جھٹک دیں گے اور کہیں گے کہ عوام ہی اصل طاقت کا سرچشمہ ہیں۔

میرے والد صاحب کہا کرتے تھے:

''رہنما حکمرانی کرنے کے لیے نہیں، خدمت کرنے کے لیے ہوتے ہیں۔''

مجھے یقین ہے کہ انسانیت، جو اس وقت تھوڑی سی ہٹ گئی ہے، دوبارہ دانائی، امن، اور آشتی کے راستے پر آئے گی۔ ہم ایک ایسا پُرامن معاشرہ قائم کریں گے، جہاں تمام انسان مل جل کر محبت اور پیار سے رہ سکیں۔

وجاہت مسعود:

ڈاکٹر صاحب! آپ کی بے حد عنایت۔ آپ سے گفتگو کرنا ہمارے لیے ایک اعزاز کی بات ہے۔ آج کی نشست میں ہمیں ان گنت موضوعات پر آپ کی رہنمائی حاصل ہوئی۔ آپ کے خیالات، آپ کی بصیرت، اور آپ کے تجربات نے ہمیں بے حد متاثر کیا۔

یہ تھی پاکستان ٹیلی ویژن کے پروگرام ''صدرنگ'' میں ممتاز دانشور، شاعر، افسانہ نگار، ماہرِ نفسیات، اور کالم نویس، محترم ڈاکٹر خالد سہیل صاحب سے ایک یادگار گفتگو۔ آج کے لیے اتنا ہی۔ انشاءاللہ اگلی نشست میں پھر ملاقات ہوگی۔

آداب۔

☆......☆......☆

118

تیسرا انٹرویو

ڈاکٹر خالد سہیل: بطور ایک سنجیدہ ادیب

”سنجیدہ ادیب
لمبی دوڑ کا کھلاڑی
ایک میراتھون رنر ہوتا ہے“

باتیں ڈاکٹر خالد سہیل کی

شریکِ گفتگو: حامد یزدانی

تعارف:

کینیڈا میں بسے ہوئے مجھے ربع صدی کا عرصہ ہو چکا ہے۔ اس دوران میں نے جہاں اپنی ذاتی اور خانگی زندگی کی ازسرِ نو تعمیر و تشکیل کے مراحل طے کیے وہاں بچوں کی پرورش اور تعلیم و تربیت سے لے کر اپنی پیشہ ورانہ زندگی کی اساس اور ادبی دل چسپی کے معمولات تک سب کچھ نئے سِرے سے قائم کرنا پڑا۔ یہ ایک طویل، مشکل مگر دلچسپ داستان ہے جو اپنی جگہ ایک مکمل کتاب کی متقاضی ہے۔

مختصر کہوں تو یہاں آتے ہی جن لکھنے پڑھنے والے دوستوں سے ملاقات ہوئی ان میں افضال نوید، ارشاد حسین اور خالد سہیل کے نام سب سے پہلے آتے ہیں۔ پھر طاہر اسلم گورا اور منیر پرویز سامی سے رابطہ ہوا اور یوں ایک ایک کر کے کتنے ہی نئے پرانے دوست میرے ادبی حلقہ میں شامل ہوتے گئے اور ایک نئے ملک میں درپیش احساسِ اجنبیت اور اُداسی کو بتدریج کم کرتے گئے۔ سن دو ہزار آٹھ میں 'حلقہ اربابِ ذوق' کینیڈا کا قیام عمل میں لایا گیا تو اس کے ماہانہ تنقیدی اجلاسوں کو یہاں کے سبھی اہم تخلیق

کا رونق بخشنے لگے۔ کچھ دوست تو پھر باقاعدگی سے ملنے لگے جبکہ کچھ وقفہ وقفہ سے شرفِ ملاقات بخشتے۔ مگر سچی بات یہ کہ ان میں سے ہر کوئی اپنی اپنی جگہ خدمتِ ادب میں پیش پیش تھا۔ کوئی نظم لکھ کر اور کوئی غزل کہہ کر، کوئی تنقید کی راہیں ہموار کر کے اور کوئی افسانہ کی دنیا کا سفر کرتے ہوئے۔ ان سب احباب میں سے ڈاکٹر خالد سہیل یوں نمایاں محسوس ہوئے کہ وہ ایک ہمہ گیر تخلیق کار ہیں۔ متنوع اصنافِ ادب میں لکھتے ہیں یعنی نظم، غزل، افسانہ، ادبی خطوط، کالم اور ہاں ترجمہ نگاری بھی۔

پیشہ کے اعتبار سے ایک نفسیات دان ہیں۔ فکری طور پر ایک انسانیت پسند یا انسان دوست فلسفی ہیں اور طبعی طور پر ایک درویش۔ وہ نہ انسانوں میں بھید بھاؤ کے قائل ہیں اور نہ ادبی اصناف میں۔ اور اس کا ثبوت اُن کی ستّر سے زیادہ مطبوعہ کتب ہیں جو اپنے موضوعات کی رنگا رنگی اور متون و مواد کے معیار کے اعتبار سے تو منفرد اور لائقِ مطالعہ ہیں ہی مگر ان کی انفرادیت اس حقیقت سے بھی اُجاگر ہوتی ہے کہ ان میں سے کئی ایک ڈاکٹر صاحب نے اپنے ادبی دوستوں کے ساتھ مل کر لکھی ہیں۔ اس طرح یہ کتابیں ادبی منظر نامہ میں اپنی ہی شان رکھتی ہیں۔

ادبی دنیا میں ڈاکٹر خالد سہیل صاحب کی مقبولیت کا یہ عالم ہے کہ ملک کیا بیرونِ ملک سے بھی جو اچھا لکھاری ٹورانٹو کا سفر کرتا ہے وہ ان سے ملے بغیر اپنا سفر ادھورا سمجھتا ہے۔ ملنسار ایسے ہیں کہ جو ایک بار متعارف ہو جاتا ہے وہ ان کا گرویدہ ہو جاتا ہے۔ جیسا کہ میں نے پہلے بھی لکھا کہ ان کی طبیعت میں درویشی کا عنصر بہت نمایاں ہے۔ ہر کسی کی صلاحیتوں کی بھرپور حوصلہ افزائی کرتے ہیں اور ان کو رہنمائی بھی فراہم کرتے ہیں۔ دوستوں کی طرف سے ملنے والی دعوتوں کو قبول کرتے ہیں اور دوستوں کو اپنے ہاں مدعو بھی کرتے رہتے ہیں۔

اب میں نے انھیں فون کر کے بتایا کہ ہمارے مہربان و مرحوم بھائی اور اعلیٰ شاعر قائم نقوی صاحب کے جریدہ ''نمود'' کے لیے آپ سے گفت گو کرنا چاہتا ہوں تو محبت سے آمادگی کا اظہار کیا اور بات چیت کے موقع پر ایک پُر تکلف ڈنر کا اہتمام کیا۔ انٹرویو پیش خدمت ہے۔

حامد یزدانی:

ڈاکٹر خالد سہیل صاحب! آج میں آپ سے آپ کی شخصیت اور تخلیقات کے حوالے سے کچھ بات چیت کرنے کا بھی ارادہ رکھتا ہوں۔

خالد سہیل:

جی ضرور، زہے نصیب۔ پوچھیے۔ میں تیار ہوں۔

ڈاکٹر صاحب نے اپنی کرسی پر چوکس ہو کر بیٹھتے ہوئے جواب دیا اور یوں مکالمہ آغاز ہو گیا

حامد یزدانی:

خوش قسمتی ہے میری کہ آج آپ جیسی توانا اور بھرپور لکھنے والی ہستی سے، ایک معروف تخلیق کار سے گفتگو کا موقع مل رہا ہے۔ اب تخلیق کے سوتے تو، کہتے ہیں، کہ سوچ ہی سے پُھوٹتے ہیں اور ایک تخلیق کار کا ذہن عام انسان سے قدرے مختلف بھی ہوتا ہے۔ میں اپنی گفتگو کا آغاز اسی لمحے سے کرتے ہوئے یہ پوچھنا چاہوں گا کہ اس وقت آپ کیا سوچ رہے ہیں؟

خالد سہیل:

حامد یزدانی صاحب! میں اس لمحے یہ سوچ رہا ہوں کہ ایک ماہرِ نفسیات ہونے

کے ناتے میں دوسرے انسانوں کے انٹرویو لینے کا عادی ہوں لیکن آج میرے ایک عزیز دوست جو ایک مستند شاعر بھی ہیں اور ایک معتبر دانشور بھی میرا انٹرویو لے رہے ہیں۔ میں دوسروں کی تحلیلِ نفسی کرنے کا عادی ہوں لیکن آج میری تحلیلِ نفسی ہونے والی ہے۔ لیکن میں چونکہ اپنے انٹرویو لینے والے دانشور کی عزت بھی کرتا ہوں اور ان پر اعتبار بھی کرتا ہوں اس لیے مجھے پورا یقین ہے کہ سب اچھا ہوگا۔ چونکہ میں انٹرویو کو ایک تخلیقی عمل سمجھتا ہوں اس لیے عین ممکن ہے کہ اس انٹرویو میں میری ادبی زندگی اور شخصیت کے چند ایسے گوشے سامنے آئیں جن سے میں پہلے خود بھی ناواقف تھا۔ اس لیے مجھے زندگی کا یہ تبادلہ خیال کرنے کا موقع فراہم کرنے کا اور اپنا قیمتی وقت دینے کا شکریہ۔

حامد یزدانی:

آپ میرے بارے میں ایسا عمدہ اور مثبت گمان رکھتے ہیں، یہ سراسر میری خوش بختی ہے۔ بہت شکریہ۔ ویسے شکریہ تو میں ملاقات کے آخر میں بھی ادا کروں گا ابھی تو آپ یہ فرمائیے کہ تخلیق کار کے لیے موضوع اور متن زیادہ اہم ہوتا ہے یا زبان اور اسلوب؟ کہتے ہیں کہ ہنر مند گھسے پٹے خیال میں بھی جان ڈال دیتا ہے جبکہ کم ہنر مند اعلیٰ خیال کو بھی غیر مؤثر اندازِ بیاں کے باعث غیر دلچسپ بنا دیتا ہے یا یوں کہیے کہ ایک اچھے خیال کو ضائع کر دیتا ہے۔ آپ کا کیا خیال ہے؟

خالد سہیل:

میری نگاہ میں ہر ادبی فن پارے کے دو حصے ہوتے ہیں

Form and Content

ایک فن پارہ اس وقت شہ پارہ بنتا ہے اور ادب عالیہ کا حصہ بنتا ہے جب فن پارہ دونوں حصوں کا بہترین اظہار ہو اور شاعر یا ادیب موضوع اور زبان دونوں سے

انصاف کر سکے۔ ادب کے معیار کا بھی خیال رکھے اور زندگی کے رازوں اور بصیرتوں کے ساتھ بھی جُڑا رہے۔ میں شاعروں اور ادیبوں کو دو خانوں اور دو گروہوں میں بانٹتا ہوں۔ پہلا گروہ تفریحی ادب لکھتا ہے جبکہ دوسرا گروہ ادب عالیہ تخلیق کرتا ہے۔

تفریحی ادب تخلیق کرنے والے زبان سے کھیلتے ہیں لیکن ان کے ادب میں زندگی کی کوئی بڑی سچائی کوئی دانائی نہیں ہوتی۔ مثال کے طور پر کسی کا شعر ہے

رہے ان کے بہانے ہی بہانے
بہانے ہی بہانے مار ڈالا

یا

دل لگاؤ تو لگاؤ دل سے دل
دل لگی ہی دل لگی اچھی نہیں

ان اشعار میں الفاظ کے تکرار کو سن کر ہمارے ہونٹوں پر مسکراہٹ تو پھیل جاتی ہیں لیکن ہم کچھ سوچنے پر مجبور نہیں ہوتے۔ لیکن اس کے مقابلے میں جب ہم غالب کا یہ شعر سنتے ہیں کہ

شوق ہر رنگ رقیب سر و ساماں نکلا
قیس تصویر کے پردے میں بھی عریاں نکلا

یا اقبال کا یہ شعر پڑھتے ہیں

پرواز ہے دونوں کی اسی ایک فضا میں
کرگس کا جہاں اور ہے شاہیں کا جہاں اور

یا فیض کا یہ شعر سنتے ہیں

وہ بات سارے فسانے میں جس کا ذکر نہ تھا
وہ بات ان کو بہت ناگوار گزری ہے

تو ہمیں احساس ہوتا ہے کہ شاعر ہمارا زندگی کے کسی خفیہ راز سے تعارف کروا رہا ہے اور وہ ہمیں دعوتِ فکر دے رہا ہے۔ میں ان اشعار کو ادبِ عالیہ میں شمار کرتا ہوں کیونکہ ان میں زبان کا حسن بھی ہے اور زندگی کی دانائی کا راز بھی۔

فارم ادب کو فن بناتا ہے

کونٹنٹ اس میں فلسفہ شامل کرتا ہے۔

اس لیے وہ شاعر جو دانشور بھی ہیں وہ لاشعوری طور پر اپنی شاعری میں فارم اور کونٹنٹ کا حسین امتزاج پیش کرتے ہیں۔ ادب عالیہ میں بیک وقت Enlightenment بھی ہوتی ہے اور اینٹرٹینمنٹ بھی۔ وہ ہمیں محظوظ بھی کرتا ہے اور مسحور بھی اور ہمیں زندگی کے رازوں سے متعارف بھی کرواتا ہے

حامد یزدانی:

اگر آپ سے یہ پوچھا جائے کہ وہ کون سی خصوصیت یا خصوصیات ہیں جو آپ کے فن پاروں کو مختلف یا ممتاز بناتی ہیں تو کیا جواب دیں گے آپ؟ ناقدین اور قارئین کی آراء سے کچھ نہ کچھ تو معلوم ہو ہی جاتا ہے۔

خالد سہیل:

حامد یزدانی صاحب! آپ نے میرا پہلا شعری مجموعہ ''تلاش'' پڑھ رکھا ہے۔ اس مجموعے میں مَیں نے اپنی غزلوں، نظموں اور قطعات کو موضوعات اور تھیمز کے حوالے سے یکجا کیا تھا۔

مثال کے طور پر ایک باب مہاجروں کے مسائل کے حوالے سے ہے دوسرا عورتوں کے مسائل کے حوالے سے اور تیسرا نفسیاتی مسائل رکھنے والے انسانوں کے حوالے سے ہے۔

126

میری کئی کتابیں ایک موضوع کے گرد طواف کرتی ہیں۔ میں نے ان کتابوں میں اس موضوع کے حوالے سے نظمیں، کہانیاں، مقالے، انٹرویو اور تراجم سب یکجا کیے ہیں تا کہ قارئین کا اس موضوع سے سیر حاصل اور بھرپور تعارف ہو۔ میں اپنی تخلیقات کو فکرانگیز بنانے کی کوشش کرتا ہوں۔

میرے لیے ابلاغ کی بھی بڑی اہمیت ہے۔ ایک ادیب ہونے کے ناتے میں اپنی تخلیقات کی وساطت سے اپنے قاری سے ایک مکالمہ کرنا چاہتا ہوں اس سے اپنے تجربات اور مشاہدات شیئر کرنا چاہتا ہوں اس پر اپنی دانشوری کا رعب نہیں ڈالنا چاہتا۔ میری کوشش ہوتی ہے کہ میں اپنے خیالات و جذبات و نظریات و احساسات عام فہم زبان میں تحریر کروں تا کہ زیادہ سے زیادہ لوگ اسے سمجھ سکیں۔ میں سہل ممتنع کو فن کی معراج سمجھتا ہوں۔ میر کا یہ شعر

کہا میں نے کتنا ہے گل کا ثبات
کلی نے یہ سن کے تبسم کیا

زندگی کی ناپائیداری کا کتنا عمدہ تخلیقی اظہار ہے۔

سہل ممتنع Simple and Profound لکھنے کا فن ہے۔ یہ فن مجھے برٹنڈ رسل اور ایرک فرام کی تحریروں میں بدرجہ اتم نظر آیا۔

حامد یزدانی :

جی، ایک قاری اور مداح کے طور پر میں آپ کے اشعار میں واقعی یہ خوبی پاتا ہوں۔ لیکن ڈاکٹر صاحب سوال یہ ہے کہ بطور تخلیق کار آپ اپنے پڑھنے والوں کی رائے کو کتنی اہمیت دیتے ہیں؟ مجھے ایسے لکھاریوں سے بھی ملنے کا موقع ملا جن کا کہنا ہے کہ وہ اپنے لیے لکھتے ہیں اور وہ قارئین میں مقبول بھی تھے تا ہم کچھ ایسے لکھاری بھی دوست

ہیں جو دوسروں کی آراء کو بہت سنجیدگی سے لیتے ہیں اور انھیں اپنی ذہنی نشوونما اور ترقی کے لیے ضروری قرار دیتے ہیں۔ آپ خود کو کس مکتب فکر کے قریب پاتے ہیں؟

خالد سہیل:

میں اپنے قارئین کی رائے کا بہت احترام کرتا ہوں اور ان کے مشوروں پر سنجیدگی سے غور کرتا ہوں۔ انہوں نے مجھے ایک بہتر لکھاری بننے کی ترغیب وتحریک دی ہے۔ اگر میری تخلیق کسی ذہین قاری کی سمجھ میں نہیں آتی تو میں اس تحریر پر نظر ثانی کرتا ہوں۔ میں لکھنے اور پڑھنے کے عمل کو ایک سماجی عمل سمجھتا ہوں۔ یہ میری خوش بختی ہے کہ اب میرا اپنے قارئین کے ساتھ ایک سنجیدہ رشتہ قائم ہو چکا ہے۔ یہ ایسا رشتہ ہے جس کا دوطرفہ فائدہ ہے۔ ہم ایک دوسرے سے بہت کچھ سیکھتے ہیں۔

حامد یزدانی:

تو گویا اپنے حلقے میں بہت مشہور ہیں آپ۔ مگر کیا کریں کہ ہمارے آس پاس ایک مدت سے یہ بیان بھی تو گردش میں ہے کہ 'شہرت معیار کی دشمن ہے'۔ آپ کا مشاہدہ اور تجربہ کیا کہتا ہے؟ آج کل تو، لگتا تو یوں ہی ہے، کہ سوشل میڈیا کے توسط سے ہر کوئی تیزی سے شہرت کی منزل پالینا چاہتا ہے۔ نہیں کیا؟

خالد سہیل:

ایک پاپولر ادیب ہونا اور بات ہے اور ایک سنجیدہ ادیب ہونا اور بات۔

ایک 100 Meter Sprinter ہونا اور بات ہے اور Marathon Runner ہونا اور بات۔

میں ہر سال آسکر ایوارڈ حاصل کرنے والوں میں اس فنکار کی سب سے زیادہ

عزت کرتا ہوں جسے ایک فلم میں کام کرنے کی وجہ سے ایوارڈ نہیں ملتا بلکہ اسے آسکر کا لائف ٹائم اچیومنٹ ایوارڈ ملتا ہے۔

سنجیدہ شاعر، ادیب اور دانشور شہرت اور دولت سے بے نیاز اپنا تخلیقی کام کرتے رہتے ہیں۔ غالب نے بھی فرمایا تھا

نہ ستائش کی تمنا نہ صلے کی پرواہ
گر نہیں ہیں میرے اشعار میں معنی نہ سہی

اگر کوئی لکھاری بے نیازی اور فن سے وفاداری کی اس منزل تک پہنچ جائے تو پھر اس پر فیض کا یہ شعر صادق آتا ہے

فیض تھی راہ سربسر منزل
ہم جہاں پہنچے کامیاب آئے

حامد یزدانی:

کیا کہنے۔ واہ۔ واہ۔ آپ کی گفتگو جتنی سحر انگیز ہے اتنا ہی دل کش آپ کا شعری انتخاب بھی ہے۔ جی چاہتا ہے۔ وہ کہیں اور سنا کرے کوئی۔ فن کار کو جو یک سوئی درکار ہوتی ہے وہ کم یاب ہوتی چلی جا رہی ہے۔ ایسا محسوس ہوتا ہے۔ آپ کا احساس کیا ہے؟

خالد سہیل:

ہر میڈیم کے فوائد بھی ہیں نقصانات بھی۔ ایک دانا انسان نہ صرف یہ جانتا ہے کہ اسے زندگی میں کیا کرنا ہے بلکہ یہ بھی جانتا ہے کہ اسے زندگی میں کیا نہیں کرنا۔

ایک دانا لکھاری جانتا ہے کہ اسے

'کیا لکھنا ہے کیا نہیں لکھنا'

'کیا پڑھنا ہے کیا نہیں پڑھنا'

'کس سے ملنا ہے اور کس سے نہیں ملنا'

مجھے تو سوشل میڈیا کا اور خاص طور پر 'ہم سب' پر متواتر لکھنے کا بہت فائدہ ہوا۔ وہاں میری نئے لکھاریوں اور قاریوں سے ملاقات ہوئی اور بہت کچھ سیکھنے کو ملا۔ اگر سوشل میڈیا نہ ہوتا تو میں بہت سے ادبی تحفوں سے محروم رہ جاتا۔

حامد یزدانی:

کیا ابلاغِ عامہ کے جدید اور برقیاتی وسائل کے فروغ نے 'کتاب' کے وجود کو غیر ضروری ثابت کر دیا ہے؟ ایسے میں آپ 'اصلی کتاب میرا مطلب ہے کاغذ پر طبع شدہ مجلد صورت کا کوئی مستقبل دیکھتے ہیں؟

خالد سہیل:

میں بہت سے سنجیدہ قاریوں اور لکھاریوں کو جانتا ہوں جو آج بھی اصلی کتاب کے عاشق ہیں۔ میں بھی ان ہی میں شامل ہوں۔ مجھے مجلد کتاب کا مستقبل تاریک دکھائی نہیں دیتا۔

میں کمپیوٹر کی سکرین پر ایک دو صفحے تو پڑھ لیتا ہوں لیکن میں ہر مہینے دو چار روایتی کتابیں آرڈر کرتا ہوں کیونکہ میں ان کتابوں کو بیگ میں جہاں چاہوں لے جاتا ہوں اور انہیں ہاتھ میں پکڑ کر کبھی گھر میں کبھی کلینک میں کبھی جھیل کے کنارے اور کبھی درخت کے نیچے بیٹھ کر پڑھتا ہوں اور محظوظ و مسحور ہوتا ہوں۔ میں اہم جملوں یا شعروں پر نشان لگاتا ہوں اور انہیں کتاب کے تبصرے یا کالم میں کوٹ کرتا ہوں۔

حامد یزدانی:

ان دنوں کون سی کتاب آپ کے زیرِ مطالعہ ہے؟ کیا آپ ایک وقت میں ایک سے زیادہ کتابیں بھی اپنے زیرِ مطالعہ رکھتے ہیں؟ اگر ہاں تو اس سے کیا تسلسل کا

لطف برقرار رہتا ہے؟

خالد سہیل:

میں ایک ادبی ہرجائی ہوں۔

میں بیک وقت ایک شاعری کا مجموعہ، ایک نفسیات کی کتاب اور ایک فلسفے کی کتاب پڑھ رہا ہوتا ہوں۔

ایک سے بور ہونے لگوں تو دوسری شروع کر دیتا ہوں اور اگر کوئی ادبی تحریک ہو تو سب کتابیں چھوڑ کر کاغذ قلم پکڑ کر نیا کالم لکھنا شروع کر دیتا ہوں۔ بعض کتابوں کو دوبارہ پڑھتا ہوں اور جی چاہے تو ان کا ترجمہ اور تلخیص لکھ دیتا ہوں۔

میں آج کل جنسیات اور روحانیات کی نفسیات پر دو کتابیں پڑھ رہا ہوں۔ مجھے کتابوں سے عشق ہے اور یہ عشق پچھلے پچاس سال سے ابھی تک ہنی مون فیز میں چل رہا ہے۔ یہ نصف صدی کا قصہ ہے دو چار برس کی بات نہیں۔

حامد یزدانی:

آپ مطالعہ کے لیے کتاب کا انتخاب کیسے کرتے ہیں؟ کسی کے تجویز کرنے سے؟ کسی تبصرے سے متاثر ہو کر؟ اپنے موڈ کے مطابق؟ اپنے زیر تعمیر تخلیقی پراجیکٹ کے موضوع کے لحاظ سے؟ یا کیسے؟

خالد سہیل:

میں سویڈن گیا تو سائیں سچا نے اپنی کتابیں تحفے کے طور پر دیں اور مرزا یاسین بیگ نے مجھے اپنے کینیڈا ون ٹی وی کے پروگرام 'جگہ خالی ہے'

131

پر دعوت دی کہ سائیں سچا کے حوالے سے گفتگو کروں تو میں نے ان کی کتاب کا مطالعہ شروع کیا۔

میرے سائنسدان دوست ڈاکٹر نوشاد علی نے ایک انٹرویو بھیجا تو میں نے اس سائنسدان کی کتاب آرڈر کی۔

میں نے 'ہم سب' پر تعلیم کے حوالے سے ایک کالم پڑھا اور پھر ایک ماہر تعلیم کی کتاب آرڈر کی۔

اب چونکہ میں نے فیصلہ کیا ہے کہ میں اگلے سال ایک کتاب لکھوں گا جو روحانیات۔ نفسیات۔ اور سائنسی تحقیقات کے بارے میں ہوگی۔ اس لیے اس کتاب کی تیاری کے لیے میں نے کرشنا مورتی کی سوانح عمری، ابراہم میسلو کی کتاب، ولیم جیمز کی سوانح عمری کے علاوہ اور بھی بہت سی کتابیں آرڈر کی ہیں تاکہ اس موضوع کا سنجیدگی سے مطالعہ کر سکوں اور ایک تحقیقی انداز کی ضخیم کتاب لکھ سکوں۔ ایسی کتاب جو دوسرے لکھاری یا تو لکھنا نہیں چاہتے یا لکھ نہیں سکتے۔ میں روحانی تجربات پر مذہبی، روحانی، نفسیاتی، ادبی اور سائنسی حوالے سے گفتگو کرنا چاہتا ہوں۔ میں نے جلال الدین رومی کی زندگی کے ساتھ شمس تبریز کی ڈائری بھی منگوائی ہے۔ اس تفصیل سے آپ کو میری کتاب پڑھنے اور لکھنے سے محبت کا اندازہ ہو گیا ہوگا۔

حامد یزدانی:

جی بالکل ہو گیا ہے۔ اچھا لگے ہاتھوں یہ بھی بتاتے چلیے کہ تخلیقی عمل پر بات کی جائے تو آغازِ سفر شاید خیال ہی قرار پائے۔ پوچھنا یہ چاہتا ہوں کہ جب خیال آجاتا ہے تو اس کے اظہار کے لیے فارمیٹ کا تعین کیسے ہوتا ہے؟ کہ یہ افسانے کے پیرائے میں مؤثر رہے گا یا نظم یا غزل کے شعر کے ملبوس میں زیادہ جچے گا؟ کیسے طے ہوتا ہے یہ؟

خالد سہیل :

زندگی کے مختلف ادوار میں میری مختلف ادبی محبوبائیں رہی ہیں۔

پہلی محبوبہ شاعری ہے

دوسری محبوبہ افسانہ نگاری ہے

تیسری محبوبہ ناول نگاری ہے

چوتھی محبوبہ خطوط نگاری ہے

پانچویں محبوبہ ترجمہ نگاری ہے

چھٹی محبوبہ انٹرویو نگاری ہے

آج کل ساتویں محبوبہ سے عشق چل رہا ہے جو کالم نگاری ہے۔

ساتویں محبوبہ کے ساتھ زیادہ وقت گزرتا ہے۔ کبھی کبھار پرانی محبوبائیں بھی رشک میں ملنے آ جاتی ہے لیکن کم کم کیونکہ اکثر اوقات وہ حسد کی آگ میں جلتی رہتی ہیں اور میں بھی تجاہل عارفانہ سے کام لیتا ہوں۔ میرا ایک شعر ہے

مجھ کو اکثر یہ گماں ہوتا ہے

میرے پہلو میں بہت سے دل ہیں

حامد یزدانی :

بھئی، کیا کہنے۔ کیسا دل کش گماں ہے یہ! ہمارے حال کی بات ہو تو یوں کہا جا سکتا ہے کہ

ہم سے اِک بھی نہ سنبھالا جائے

ان کے پہلو میں بہت سے دل ہیں

133

خیر، دلوں کی گنتی پھر کر لیں گے۔ فی الحال تو سامنے جو یہ اتنے سارے کھانے پڑے ہیں ان سے نمٹنے کا معرکہ ہی سر کر لیا جائے۔

خالد سہیل:

اس معرکے میں بھی سرخرو ہی رہیں گے آپ۔

حامد یزدانی:

اچھا، ڈاکٹر صاحب! میں نے دیکھا ہے کہ آپ کو دوسروں کے ساتھ مل کر کھانا کھانے کا اور گفتگو کرنے ہی کا شوق نہیں بلکہ آپ ان کے ساتھ مل کر سنجیدہ ادبی، تخلیقی کام بھی کرتے ہیں کچھ عرصہ قبل آپ کے سائنسی نوعیت کے مضامین کی کتاب انگریزی میں منظرِ عام پر آئی جو آپ نے اپنے بچپن کے دوست ڈاکٹر سہیل زبیری کے ساتھ لکھی ہے۔ آپ کی کتاب ''پاپی'' بھی آپ نے اپنے دوست مرزا یاسین بیگ کے ساتھ مل کر لکھی ہے۔ سائیں سچا صاحب کے ساتھ بھی ایسا تخلیقی اشتراک ہوا۔ اور اس سلسلے کی تازہ ترین کڑی تو اختر حسین جعفری صاحب کے فن و شخصیت پر آپ کی انگریزی کتاب ہے جس کے شریک مصنف ہمارے مشترکہ دوست امیر حسین جعفری ہیں اور گذشتہ برس ایک کتاب پروفیسر عارف عبدالمتین صاحب کی شخصیت اور فن پر میرے ساتھ مل کر مکمل کی۔ یہ میرے لیے تو ایک منفرد تجربہ تھا کیونکہ ہم تو اسے ایک انفرادی کام ہی سمجھتے آئے ہیں۔ یہ فرمایئے مشکل نہیں ہوتا مل کر لکھنا؟

خالد سہیل:

میں نے سوچا اگر ایک رائٹر، ایک ڈائرکٹر اور بہت سے ایکٹرز مل کر تخلیقی کام کر سکتے ہیں اور فلم بنا سکتے ہیں تو دو یا زیادہ ادیب مل کر کتاب کیوں نہیں لکھ سکتے۔

کئی برس پیشتر میں نے کئی موضوعات چُنے۔ ان موضوعات پر تخلیقات جمع کیں اور ادبی دوستوں کو ترجمہ کرنے کی دعوت دی جسے انہوں نے بڑی خوشی سے قبول کیا اور میں نے عالمی ادب کے بہت سے تراجم چھاپے اس کے بعد کئی ادیبوں کو خطوط کے تبادلے کی دعوت دی۔

مجھے ادیب دوستوں سے مل کر کام کرنے میں مزا آتا ہے۔ میں اپنی نانی اماں کے مشورے پر عمل کرتا ہوں وہ کہا کرتی تھیں۔ ایک اور ایک مل کر دو نہیں گیارہ بناتے ہیں۔

حامد یزدانی:

لکھنے پڑھنے کے عمل یا مشاغل نے آپ کو بطور لکھاری تو بہت کچھ دیا ہوگا مگر بحیثیت ایک انسان کے آپ کی شخصیت پر کیا اثرات مرتب کیے؟ آپ چونکہ معالج بھی ہیں اور نفسیات آپ کا پسندیدہ شعبہ بھی ہے تو فائدہ مند رہے گا ہمارے لیے آپ سے یہ سب جاننا۔

خالد سہیل:

میں نے زندگی میں گرین زون فلسفہ تخلیق کیا ہے۔ میں اس فلسفے پر خود بھی عمل کرتا ہوں اور اپنے مریضوں کو سکھاتا بھی ہوں۔ میری خوش بختی کہ

I teach what I practice

and

I Practice What I Teach

گرین زون فلسفے کے مطابق ایک پرسکون زندگی کی طرف تین راستے جاتے ہیں

Creating... Sharing... Serving

میں ادبی تخلیقات لکھتا ہوں۔

پھر ادبی دوستوں سے شیئر کرتا ہوں۔

اور اپنے مریضوں کی خدمت کرتا ہوں۔

میری تخلیقات نے مجھے ایک بہتر انسان بنایا ہے۔ ایک درویش بنایا ہے جس کا فلسفہ ہے...... 'مل جائے تو شکر، نہ ملے تو صبر'

میری نگاہ میں ایک خوشحال زندگی گزارنے کے دو راز ہیں:

Passion and Compassion

میرے پیشن کا اظہار میری ادبی زندگی میں اور کمپیشن کا اظہار میری پیشہ ورانہ زندگی میں ہوتا ہے۔

حامد یزدانی:

ایک سوال یہ بھی ذہن میں آتا ہے کہ آپ نے لکھنے ہی کو کیوں چنا؟ وہ کیا تھا یا کون تھا جس نے آپ کو آہوئے دشتِ ہنر بنا دیا؟

خالد سہیل:

مجھے نوجوانی میں ہی کتابوں کا عشق ہو گیا تھا۔

میرے والد بڑے شوق سے کتابیں پڑھتے تھے اور چچا عارف عبدالمتین کتابیں لکھتے تھے۔ ہوسکتا ہے کتابوں کا شوق اور آدرشوں سے عشق وراثت میں ملا ہو۔

ارجنٹینین لکھاری بورخیز فرماتے ہیں جنت باغ کا نہیں لائبریری کا نام ہے۔ میں نوجوانی سے ہی لائبریری کی کتابوں کی جنت میں زندگی گزار رہا ہوں اور خوش ہوں۔ یہ کتابیں مجھے کچھ سوچنے اور کچھ لکھنے کی تحریک دیتی ہیں اور میں ان میں گھرا اپنے

خیالوں کی دنیا میں مست رہتا ہوں۔

عجب سکون ہے میں جس فضا میں رہتا ہوں
میں اپنی ذات کے غارِ حرا میں رہتا ہوں

حامد یزدانی:

جیسا کہ آپ جانتے ہیں کہ اصنافِ سخن کی طرح ادبی تنقید کے بھی متعدد دبستان ہیں۔ان میں سے آپ کو کس کا اندازِ نقد و نظر زیادہ اچھا لگتا ہے۔

خالد سہیل:

میں ادب کا سنجیدہ طالب علم ہوں اس لیے میں نے بہت سے مکاتبِ فکر سے بہت کچھ سیکھا۔ میری نگاہ میں اعلیٰ ادب وہ ہے جو

فن کے تقاضے بھی پورے کرے اور زندگی کے تقاضے بھی

فن کے تقاضے میں نے ادب میں جدیدیت کی تحریک سے سیکھے

زندگی کے تقاضے ترقی پسند تحریک سے سیکھے

وجودیت کی تحریک نے ہمیں انفرادی اور سماجی ذمہ داری لینا سکھایا

تحلیلِ نفسی کی تحریک نے ہمیں ادب اور ادیب کے لاشعوری پہلوؤں سے روشناس کرایا۔

ہرمانیوٹکس کی تحریک سے یہ سیکھا کہ ہر ادب پارے کو ہر ادیب اپنے ذوق کے مطابق معنی پہناتا ہے۔

انسان دوستی کی تحریک نے زندگی کو بامعنی بنانا سکھایا۔

حامد یزدانی صاحب! میں سمجھتا ہوں کہ علم کی سرشت میں تکبر اور فنونِ لطیفہ کی فطرت میں نرگسیت ہے اسی لیے ہمیں اپنے اردگرد بہت سے متکبر عالم اور نرگسیت کے

مارے فنکار مل جاتے ہیں۔

میری نگاہ میں عالم کے تکبر اور فنکار کی نرگسیت کا دف درویشی مارتی ہے جو انسانوں میں عاجزی اور انکساری پیدا کرتی ہے۔

حامد یزدانی:

آپ کی تازہ ترین کتاب کون سی ہے اور یہ کہ وہ کون سے تخلیقی منصوبے ہیں جن پر آپ ان دنوں کام کر رہے ہیں؟

خالد سہیل:

کووڈ کی وبا کے دوران میں نے اپنے نامکمل ادبی منصوبوں کو مکمل کیا اور چھ کتابیں مرتب کیں جنہیں سانجھ پبلشر نے لاہور سے چھاپا۔

پہلی کتاب...... ’آدرش‘...... تھی جو میرے ’ہم سب‘ پر چھپنے والے پچاس کالموں کا مجموعہ تھا:

دوسری کتاب...... ’دیوتا‘...... تھی جو میرے پچیس نمائندہ افسانوں کا مجموعہ تھا۔

تیسری کتاب...... ’خواب در خواب‘...... تھی جو میرے پچاس سالوں کی شاعری کا مجموعہ تھا۔

چوتھی کتاب...... ’دانائی کا سفر‘...... تھی جو میرے اور بلند اقبال کے انٹرویوز کا مجموعہ تھا جسے ہمارے دوست عبدالستار نے بڑی محنت اور ریاضت سے سکرین سے کاغذ پر اتارا تھا۔

پانچویں کتاب...... ’نگر نگر کی کہانیاں‘ تھی جو عالمی ادب کا ترجمہ تھا جسے میں نے اور شاہد اختر نے مل کر کیا تھا۔

چھٹی کتاب......'درویشوں کا ڈیرا'......تھی جو میرے اور رابعہ الربا کے خطوط کا مجموعہ تھا۔

میری خواہش تھی کہ میں اپنی بہترویں سالگرہ سے پہلے تین اور پروجیکٹ مکمل کرلوں اور میں ان پر مسلسل کام کر رہا ہوں۔

پہلا پروجیکٹ اپنی انگریزی کی کتابوں میں سے اپنے پسندیدہ مقالوں کا انتخاب تھا وہ اب Becoming Fully Human کے نام سے چھپا ہے۔ دوسرا پروجیکٹ اپنی انگریزی کی مختصر سوانح عمری The Seeker کا اردو ترجمہ تھا۔ جس کا نام میں نے ''سالک'' رکھا ہے۔ اسے بھی سانجھ پبلشر کو بھیج دیا ہے۔

تیسرا پروجیکٹ اُردو میں گرین زون فلسفے کی کتاب تھی جسے میں نے اب ثمر اشتیاق کی مدد سے مکمل کیا ہے اور اسے کراچی سے سٹی بک پوائنٹ کے پبلشر آصف صاحب چھاپ رہے ہیں۔

حامد یزدانی:

ڈاکٹر صاحب! آپ حال ہی میں پاکستان کا سفر کر کے لوٹے ہیں۔ اور میرا خیال ہے کہ کافی مدت بعد آپ کا پاکستان جانا ہوا تھا۔ تو کچھ اپنے مشاہدات و تجربات اور ادبی مصروفیات کے بارے میں بتایئے ہمیں۔

خالد سہیل:

جب میں نے 'ہم سب' پر لکھنا شروع کیا اور میرے پڑھنے والوں کی تعداد میں اضافہ ہونے لگا تو میں پندرہ سال بعد پاکستان گیا تا کہ اپنے ادبی دوستوں سے مل سکوں۔

اس سال بھی میں پانچ سال بعد گیا تھا۔

میں کراچی ایاز مورس کی دعوت پر گیا۔ انہوں نے اپنے ماسٹر ٹی وی کے لیے میرے انٹرویو کیے۔ انٹرویوز کو عمران اشرف ساجن ریکارڈ کر رہے تھے۔ ریکارڈنگ کے بعد ان کے سٹوڈیو گئے تو انہوں نے میری غزل

کیا تم نے کبھی اپنا مقدر نہیں دیکھا
ہر گھر میں جو بستا ہے یہاں ڈر نہیں دیکھا

کو پہلے ریکارڈ کیا پھر دھن بنائی۔۔۔ پھر محمد علی نے اس کو گایا اور آئی ٹیون اور سپوٹیفائی پر پیش کیا۔ پھر اس کا وڈیو بنا کر یوٹیوب پر لگایا۔

شیخوپورہ گیا تو ڈاکٹر محمد زاہد نے میرے اور میری بہن عنبرین کوثر کے لیے ایک شاندار محفل سجائی جس میں پانچ سو سے زیادہ لوگ تھے۔

اسلام آباد گیا تو عنبرین عجائب نے ''بلیک ہول'' کے سٹیج پر میرا انٹرویو لیا اور ہم نے ذہنی صحت کے حوالے سے مکالمہ کیا۔ سامعین نے بڑے انہماک سے شرکت کی۔

میاں چنوں میں عبدالستار نے بڑی محبت سے میرا استقبال اور مختلف موضوعات پر تبادلہ خیال کیا۔

میرے دوست اتنے سخی تھے کہ میں ان کی محبتوں کی بارش میں اندر تک بھیگ گیا۔

لاہور میں پہلے سانجھ پبلشر نے قائداعظم لائبریری میں پانچ کتابوں کی تقریب رونمائی کا اہتمام کیا اور پھر وجاہت مسعود نے پاکستان ٹیلی ویژن کے پروگرام ''صدرنگ'' میں میرا تفصیلی انٹرویو لیا۔

حامد یزدانی: آپ پاکستان کے ادبی منظرنامے کو کینیڈا کے ادبی منظرنامے سے کیونکر مماثل یا مختلف پاتے ہیں؟

خالد سہیل: پاکستان کے ادبی ماحول میں ایک خوف کا عنصر نمایاں ہے۔ سچ بولنے والوں کو ڈر ہے کہ

کہیں مذہبی شدت پسند انہیں قتل نہ کر دیں۔

ان پر فتویٰ نہ لگا دیں۔

یا انہیں شہر بدر نہ کریں۔

کینیڈا میں لوگ اپنے سچ کا اظہار کھل کر کر سکتے ہیں۔

حامد یزدانی:

ڈاکٹر خالد سہیل! آپ کا شمار ان لکھاریوں میں ہوتا ہے جو مسلسل لکھ رہے ہیں اور متنوع اصناف میں لکھ رہے ہیں۔ اور پھر ایک طویل مدت سے لکھ رہے ہیں اور یہ کہ وقت آپ کی تخلیقی توانائی پر مثبت اثرات ہی مرتب کر رہا ہے۔ اس سفر میں کہیں تکان دکھائی نہیں دیتی؟ تو وہ کیا ہے جو آپ کو سدا تحریک دیتا رہتا ہے، یوں موٹیویٹڈ رکھتا ہے؟

خالد سہیل:

میں نوجوانی سے اپنے سچ کی تلاش میں ہوں اور زندگی کے خفیہ راز جاننا چاہتا ہوں۔ بقول عارف عبدالمتین

اپنی پہچان کرنے نکلا تھا......ایک عالم سے روشناس ہوا

میں ایک طالبعلم ہوں اور کچھ سیکھنا چاہتا ہوں اور جو سچ پا لوں جو راز جان لوں اس میں دوسروں کو شریک کرنا چاہتا ہوں۔

میں ایک ایسا ادبی کچھوا ہوں جو دِھیرے دِھیرے اپنی منزل کی طرف چل رہا ہے۔ مجھے راستے میں کئی ادبی خرگوش ملے جو کچھ عرصہ بعد یا تو سو گئے اور یا تھک گئے۔ میں ستّر برس میں ستّر کتابیں لکھنے کے بعد آج بھی نئے خیالات نئے نظریات اور نئے

تجربات کی تلاش میں ہوں۔ میرے اندر کا بچہ ابھی زندہ ہے جو زندگی کو حیرت سے دیکھتا ہے۔ یہ حیرت ہی میری زندگی اور ادب اور نفسیات اور فلسفے سے محبت کا راز ہے۔

حامد یزدانی:

کیا آپ اپنی تخلیق کاری کو کسی پیغام کا وسیلہ بنا رہے ہیں۔ مجھے تو ایسا محسوس ہوتا ہے تاہم آپ سے جاننا چاہتا ہوں وہ کیا پیغام ہے یا وہ کیا بات ہے جو آپ دوسروں تک پہنچانا چاہتے ہیں؟

خالد سہیل:

میری زندگی کا فلسفہ انسان دوستی ہے۔ میں سمجھتا ہوں کہ اگر ہم انسانوں کو رنگ، نسل، مذہب اور زبان سے بالاتر ہو کر دیکھیں تو ہم جانیں گے کہ ہم سب آٹھ ارب انسان ایک ہی خاندان کا حصہ ہیں کیونکہ ہم سب دھرتی ماں کے بچے ہیں۔

میرا خواب ہے کہ ہم سب انسان اپنا اپنا سچ تلاش کریں بہتر انسان بنیں، دوسرے انسانوں کی رائے کا احترام کرنا سیکھیں اور کرہ ارض پر پرامن معاشرے قائم کریں۔ میری ایک نظم ہے

امن

ایک داخلی امن ہے ایک خارجی امن
ایک جذباتی امن ہے ایک سماجی امن
ایک مذہبی امن ہے ایک سیاسی امن
ایک مقامی امن ہے ایک عالمی امن
یہ سب امن کے مختلف رنگ ہیں

اور ہمیں یہ سب رنگ عزیز ہیں
کیونکہ ہم نے امن کی قوسِ قزح تخلیق کرنی ہے

یہ نظم میرے انفرادی اور اجتماعی خوابوں کی ترجمانی کرتی ہے۔

حامد یزدانی:

بہت خوب، بہت خوب۔ میں سمجھتا ہوں کہ ہماری یہ گفتگو تو وقت کے دھارے پر بہتی چلی جائے گی۔ کیوں نہ فی الوقت اِسے یہیں تک چھوڑ دیں اور باقی باتیں ایک اور ملاقات پر اُٹھا رکھیں۔

خالد سہیل:

بالکل مناسب ہے۔ مکالمہ تو جاری رہنا چاہیے۔

حامد یزدانی:

جی بالکل......تو پھر اجازت دیجیے خدا حافظ۔

خالد سہیل:

دیکھیے، میں تو اس کے جواب میں اپنا سیکولر ''بائے، بائے'' ہی عرض کر سکتا ہوں۔

ایک مشترکہ قہقہہ۔

اور مجھے محسوس ہوا جیسے ہمارے مشترکہ دوستانہ قہقہے کے پُرخلوص آہنگ نے ڈھلتی شام کی کھڑکی سے باہر ایستادہ پیڑوں کے بہار رنگ حسن میں بھی اضافہ کر دیا ہو۔

☆......☆......☆